Geld- und Bankwesen

von

Bonamy Price,
Professor der Politischen Oekonomie zu Oxford.

Aus dem Englischen

von

Hermann Brefeld

Springer-Verlag Berlin Heidelberg GmbH
1877

AF865709

ISBN 978-3-642-89277-6 ISBN 978-3-642-91133-0 (eBook)
DOI 10.1007/978-3-642-91133-0

Softcover reprint of the hardcover 1st edition 1877

Inhalts-Verzeichniss.

ERSTES CAPITEL.

Metallische Umlaufsmittel.

Das Eingehen in eine Erforschung der Grundlagen der Umlaufsmittel (currency) lässt uns ein Gebiet betreten, welches man mit Recht als ein Chaos bezeichnet. Selbst der Laut des Wortes „currency“ lässt uns den Rücken wenden oder die Augen schliessen; unser angebornes Gefühl lässt uns einen Gegenstand fliehen, mit welchem wir ein so unerträgliches Kauderwelsch verbinden. Eine klare, bestimmte und verständliche Einsicht in die Natur der Umlaufsmittel zu erlangen, scheint fast eine die Macht menschlicher Einsicht übersteigende Aufgabe zu sein. „Das war auch nöthig“, ruft wiederholt ein früherer Lord-Major im Hause der Gemeinen aus, „sich in das trübe Sumpfwasser der Banknoten und ähnlicher Dinge zu begeben, welche kein Mensch in dieser und, wer's glaubt, der anderen Welt übersehen kann“. Was sind gleichwol Umlaufsmittel anders, als eine der menschlichen Erfindungen, ein Kunstgriff, den er selbst ersonnen hat, um dem praktischen Leben aller civilisirten Völker einen unersetzlichen Dienst zu leisten? Es ist ja leicht begreiflich, dass die bekanntesten Naturerscheinungen sich in ein Geheimniss hüllen, welches keine Forschung, kein Scharfsinn enthüllen kann. Die geringste Pflanze und das niedrigste Thier weigert unerbittlich die Offenbarung, was Leben ist. Aber dass diese mechanische Vorrichtung, welche der Mensch selbst erfunden hat, um damit einige augenfällige Zwecke zu erreichen — Werkzeuge, welche die Menschen beim Aufdämmern der Civilisation angefertigt haben und jetzt täglich und aller Orten in Arbeit sind — dass die Thätigkeit eines solchen Instrumentes der menschlichen Vernunft unbegreiflich sein sollte, müsste in der That ein ganz erstaunliches Wunder sein. Was aber zur Erhöhung des Wunderbaren beiträgt, liegt in dem zuverlässigen Umstande, dass die richtige Lösung der Umlaufsmittel-Frage für jede Nation von Leben bedingender Bedeutung ist. Schlechte Umlaufsmittel (currency) fügen einer Nation, wie die Erfahrung nur zu oft gezeigt hat, schweres Uebel zu; Siechthum und Verfall im öffentlichen wie im Privatleben sind, wie die Geschichte aller Völker und Zeiten lehrt, die tödtlichen Pfeile, welche eine übelgestaltete Währung (currency) in ihrem Köcher führt. So sprechen alle Rücksichten politischen und gesellschaftlichen Wohlergehens für die zweckmässige Herstellung eines Werkzeuges, welches in Jedermanns Hand ist; und doch, wenn wir nach der Fluth von Worten und Schriften urtheilen wollten, die sich darüber verbreitet hat, finden wir die Fragen völlig unaufgeklärt, worin das Wesen des Geldes und seine Aufgabe besteht, was ein gesundes und welches ein schlechtes Geld ist, wie es arbeitet, welche Wirkungen es hat und welche nicht.

Wäre dieser Fehler unvermeidlich gewesen, so würde er in der Geschichte des menschlichen Geistes das wundervollste Räthsel aufgegeben haben; aber das ist weder unabweislich noch in der Sache begründet. Die Theorie der Umlaufsmittel (currency) kann leicht und in natürlicher Weise entwickelt werden, wenn berufene Männer nur ernstlich den Willen dazu haben. Es ist der einzige Gegenstand, mit dessen Studium die sterblichen Menschen Nichts zu thun haben wollen. Jeder hält sich für hinreichend befähigt, Regeln dafür aufzustellen, aber ohne sich der Obliegenheit bewusst zu sein, an erster Stelle in das Wesen desselben einzudringen. So ist der Begriff der Umlaufsmittel (currency) die Beute aller möglichen Vorurtheile geworden, wie sie der

Voreingenommenheit und Unwissenheit entspringen. Bei anderen Fragen weiss man, dass man darüber nicht reden muss, bevor man ihrer nicht durch systematisches Studium Herr ist; aber Jedereiner hält sich befähigt, aus dem Stegreife seine Lehrsätze über die Umlaufsmittel (currency) vorzubringen. Wer sind aber die Personen, welche unter solchen Umständen unvermeidlich als Führer an die Spitze kommen? Die Praktiker, solche, welche grosse Gewinne bei Handhabung dieses Werkzeuges machen: die es vermuthlich in jeder Beziehung kennen? Aber werden grosse Banquiers und Wechsel-Makler die Theorie der Umlaufsmittel studiren? Haben sie überhaupt Begriff von einem strengen und methodischen Eingehen auf die wirkliche Natur der von ihnen betriebenen Geschäfte? Folgen sie dem Wege aller wahren Wissenschaft und gehen analysirend auf den letzten Grund zurück? Hätten sogenannte Autoritäten diesen Weg eingeschlagen, so würde die Lehre von den Umlaufsmitteln (currency) nicht im Schlamme der Confusion stecken, worin wir sie heute finden. Einen Lehrsatz aus dem Aermel zu schütteln, ist viel leichter; gerade wie grosse astronomische Autoritäten als obersten Satz ihrer Wissenschaft behaupten, dass sich die Planeten in Zirkeln bewegen, denn Gottes Allmacht werde nicht leiden, dass sie sich in anderen noch so vollkommenen Curvenlinien fortwälzten.

Wahre Wissenschaft ist an sich klar: und dahin zur wahren Wissenschaft führt nur der Eine Weg, dass man den Gegenstand seinem ganzen thatsächlichen Inhalte nach in seine Grundbestandtheile zerlegt. Mit diesem Grundsatze muss ein anderer verbunden werden — eine feste Begriffsbestimmung von Alledem zu erhalten, was die Analyse nachgewiesen hat, und entschlossen Alles zurückzuweisen, was sich nicht mit ihr verträgt. Diese letzterwähnte Regel ist von höchster Wichtigkeit bei der Lehre von den Umlaufsmitteln (currency). Niemand nimmt Rechnungsaufstellungen an, die mit der Rechentafel in Widerspruch stehen; bei der

Lehre von den Umlaufsmitteln ist das übliche Verfahren nicht für Anwendung der Rechentafel, nicht dafür, ein oberstes Prinzip zu Grunde zu legen, auf welches jeder Lehrzweig zurückgeführt werden muss. Der Mangel jeder Anstrengung, eine logische Verbindung zwischen neuen Redewendungen und schon früher zur Geltung gelangten Lehrsätzen herzustellen, ist das eigenthümliche Missgeschick der Lehre von den Umlaufsmitteln. Vermeiden wir also eine aprioristische und beweislose Theorie, die Theorie des grossen City-Praktikers, des Geldmannes; suchen wir nach dem Vorbilde Anderer vorsichtig eine Wissenschaft zu kombiniren, welche sich auf die durch Analyse gewonnenen Thatsachen gründet, ein Weg, der einzig zur Begründung wahrer Wissenschaft führt.

Gehen wir nun näher auf die Sache ein und suchen den Grund, die Thätigkeit und die Gesetze der Umlaufsmittel (currency) klar zu legen. Aber das Wort „currency" ist eine abstrakte Bezeichnung, ein generischer Ausdruck; wir müssen mit dem Konkreten beginnen, bevor wir zusammenfassen und zu einer abstrakten Formel generalisiren können. Wir müssen von einem anderen Wortbegriffe, dem des Geldes, ausgehen. Es sind diesem Worte zuweilen allzu frei verschiedene, mit einander unvereinbare Bedeutungen gegeben worden; es würde mithin der Satz, „currency" sei Geld, kein Licht auf unsern Weg werfen. Glücklicherweise giebt es denn doch einen Sinn für den Wortbegriff des Geldes, welchen ihm Niemand bestreitet, welcher von der ganzen Welt anerkannt wird. Was immer das Geld sonst sein oder nicht sein mag, Münze jeder Art ist Geld; und Münze ist eine begrifflich bestimmte und greifbare Substanz. Selbst die Ableitung des Wortes spricht für diese Thatsache: es kommt her von Juno Moneta, deren Tempel die Münzstätte war, wo römische Münze geschlagen wurde, geprägte Metallstücke, welche das Geld (currency) Roms ausmachten. So schliesst der Begriff des Geldes das Gepräge ein, das heisst Gestalt und Stempel jener Metallstückchen, welche zum Kaufen und Verkaufen benutzt wurden. Hier sind wir auf festem Grunde: wir haben einen fassbaren Gegenstand, den zu analysiren unsere Aufgabe ist, wozu er da ist und was er verrichtet; von ihm ziehen wir jede logische Folgerung, wir können uns mit völliger Sicherheit darauf verlassen. Niemand leugnet, dass Münze ein wahrhaftiges und wirkliches Geld sei; was Münze zu Wege bringt, dieselbe Wirksamkeit kommt dem Gelde zu.

Nun, was muss die Untersuchung einer Münze uns lehren? Es ist ein zugerichtetes Stück Metall mit einem Prägezeichen darauf. An erster Stelle bemerken wir — (wir wollen hier vom Golde sprechen, anerkannt das beste Material für Münze) — dass es aus einem Metalle gearbeitet ist und dass dies Metall eine sehr kostbare Waare ist. Es ist ein Artikel, dessen Beschaffung mit grossen Kosten verbunden ist, besass auch diesen hohen Werth schon, ehe es noch zu Münze verarbeitet war. Wer immer einen Sovereign empfangen hat, sei es beim Verkauf von Gütern oder in Zahlung auf eine Schuld, hat zwanzig Schillinge Eigenthumswerth aufgewendet, ihn zu erwerben. Er hat den Bergleuten in entfernten Gegenden und unter oft sehr schwierigen und gefährlichen Umständen grossen Aufwand an Arbeit und schwere Auslagen für Unterhalt und Werkzeug gekostet, um ihn aus dem Innern der Erde zu Tage zu fördern. Sie können gegen Gewinn-Antheil ganz unter denselben allgemeinen Bedingungen liefern, unter denen Eisen- oder Zinn-Bergleute ihre Metalle an die Gesellschaft abgeben. Sie müssen ihre Auslagen erstattet und einen entsprechenden Lohn für die Dienste erhalten, welche sie der Gesellschaft leisten. Die Menge gewonnenen Goldes ist gering im Vergleiche mit den Betriebskosten eines Gold-Bergwerks; Gold ist folglich theuer: ein kleiner Betrag desselben verlangt zum Austausch eine grosse Menge anderer Waaren. Diese Genugthuung muss dem Bergbau zu Theil werden oder aber es würde kein

Münz-Gold gefördert werden: und jeder Folgende, der diese Münze erwirbt, ausgenommen als Geschenk, ist verbunden, der Person, von welcher er sie bekommen hat, die ursprünglich dem Bergbautreibenden gezahlten Kosten zu erstatten. Dies ist eine Thatsache von grösster Bedeutung für die Lehre vom Gelde (currency). Niemand erwirbt ein Stück Metall-Geld, es sei denn gegen Hingabe seines vollen Werthes in anderen Gütern. Aus dieser Thatsache folgt mit Nothwendigkeit, dass der Verkauf von Eigenthum und an dessen Stelle der Empfang von Goldmünze, also von Geld, keine Zunahme des Reichthums bedeutet. Es ist ein Austausch zweier gleichen Werthsmengen, eines kostbaren Metalls gegen irgend einen anderen Artikel. Bei Schätzung der zwei Seiten eines Kaufgeschäfts ist die Münze das Eigenthum und das Eigenthum die Münze werth, und das ist die ganze Sache. Dass diese Wahrheit mit der gemeinen Idee im Widerspruch steht, als wenn Geld in ganz besonderem Sinne Reichthum wäre — dass die Aufgabe von Handel und Wandel nur darin bestehen müsse, Geld zu erwerben — dass ein Handel, der mehr Güter exportirt als importirt und die Differenz in Gold einbringt, der einzig vortheilhafte sei — dass Gold für jede Nation ein erfreulicherer Besitz sei, als irgend ein anderer, ist klar und soll nachstehend beleuchtet werden.

Es entsteht sogleich die Frage: Wozu handeln civilisirte Nationen dies kostbare Metall ein? Es ist Eigenthum dafür aller Zeit fortgegeben worden: und was hat zu solchem Thun vermocht? Es ist leicht verständlich, dass man Nahrung und Kleidung, Zierrath für Haus und Garten sucht; sie sind zum Verbrauche und Genusse erwünscht. Aber anders ist es mit einer Münze. Sie ist nicht zum Vergnügen oder zum Schmucke beschafft worden — nein, man verschafft sie sich nur, um sich bei erster Gelegenheit von ihr zu trennen. Sie bringt ihrem Besitzer, wer es auch sein mag, Nichts ein, ausgenommen in dem Zeitpunkte, wo sie ihn verlässt. Dies energische Streben unter grossem Aufwande Geld zu erwerben, muss seinen Lohn in irgend einem Nutzen finden, welchen das Geld im Augenblicke der Wiederausgabe leistet. Es zu bewahren ist ganz unnütz und verschafft keinen Genuss; was denn aber ist die Erklärung dieser unablässigen Jagd nach Gold und was bedeutet das eben so fortgesetzte sich Trennen von ihm, sobald man es empfangen hat? Die Antwort ist einfach. Münze wird zum Zweck einer Dienstleistung gearbeitet: mit anderen Worten, es ist ein Werkzeug, welches die Aufgabe hat, gerade den Zweck zu erfüllen, für den es gemacht ist. Es leistet einen nützlichen und werthvollen Dienst. Im Augenblicke des Laufens von Hand zu Hand ist das Geld ein Werkzeug: es verrichtet nicht seine Arbeit durch Verweilen in seines Eigners Hand, sondern indem es sie verlässt: keine andere Auffassung von Münze ist vernünftig oder einleuchtend. Es kommt vor, dass es lange vor seinem Gebrauche erworben wird, wie zum Beispiel Napoleon I. in den Tuilerien viele Millionen Pfund für einen möglichen Krieg in Bereitschaft hielt, oder wie Banquiers Vorräthe aufhäufen, um sich gegen die Unsicherheit zu schützen, welche mit der Zahlung der oft plötzlich von ihnen eingeforderten Schulden verbunden ist. Aber das ändert Nichts im Wesen des Geldes: es zeigt nur an, dass unter Umständen es räthlich ist, sich beim Gelde wie bei anderen Werkzeugen im Voraus mit einem Bestande zu versehen, damit es nicht im Augenblicke beschafft werden muss, wo es zum Gebrauche bestimmt ist. Die Wahrheit bleibt immer dieselbe, dass das Geld von keinerlei Nutzen ist, ausser indem es als Werkzeug verwandt wird, das heisst, dass es im Austausche gegen anderes Eigenthum seine freie Bewegung erlangt und die ihm eigene Funktion erfüllt. Es ist eine Maschine — Mittel, nicht Zweck — ein Werkzeug gleicher Art wie ein Schiff oder ein Wagen, Mittel der Fortbewegung. Der gewöhnliche Wagen schafft Lasten fort, der Geldwagen überträgt Eigenthumsrechte. Wer wird einen Wagen kaufen, blos um sich seines Besitzes zu freuen? Wer

Wenn man die Kupfermünze von den Bergleuten nur zu demselben Preise wie eine Goldmünze erwerben könnte, so würden sie beide gleichwerthig sein; aber das kann man nicht, und so wird der Goldschmied sehr viel mehr für die Goldmünze als der Kupferschmied für die Kupfermünze geben; und das ist der wahre Grund, wesshalb jeder Verkäufer weit mehr Güter für die eine geben wird, als für die andere. Dass das Geld eine Waare ist und seine Wirkung kraft seiner Waarennatur übt, war von Aristoteles klar erkannt. Die Menschen kommen überein, sagt er, behufs Vornahme des Tausches eine oder die andere nützliche Sache zu geben und zu nehmen, das heisst eine Waare und dem entsprechend hat von je her eine Waare als Mittel zum Kauf gedient, als ein Werkzeug des Tausches. In einigen Ländern Leder, in alten Zeiten Vieh, bisweilen Steinsalz; bis auf diesen Tag unter den Tartaren kleine Würfel gepressten Thees, am häufigsten einige Metalle. Aristoteles Ausspruch hat sich in Betreff des Englischen Geldes bis zur heutigen Stunde dadurch bewahrheitet, dass Sovereigns, welche Ausländer mit ihren Gütern erworben haben, ausserhalb fortdauernd zu Barren-Metall eingeschmolzen worden sind — ein Vorgang, welcher unmöglich Platz greifen könnte, wenn der geprägte Sovereign mehr Werth hätte, als im Golde enthalten ist. Es ist der innere Werth des Metalls, seine Kostbarkeit als Waare, die es dem Münzzwecke dienstbar macht.

Das Ungereimte der Meinung, dass die Münzstätte dem Sovereign mittelst der Prägung seinen Werth verleiht, widerlegt sich einfach durch die Bemerkung, dass, wenn das Gold meinetwegen fünfzehn Mal theurer wäre, als es jetzt ist — das heisst, wenn eine fünfzehn Mal grössere Menge anderer Waaren dem Bergbautreibenden gegeben werden müssten, ihn zu bewegen, dieselbe Quantität Gold aus der Erde zu fördern — dieselbe Münze fünfzehn Mal soviel andere Güter kaufen würde, als sie es bis jetzt konnte. Die Preise würden sich dann auf einen fünfzehn Mal niedrigeren Nennwerth stellen. Ein Käufer legt an das Geld ganz gewiss ebenso seine eigene Werthschätzung, wie es der Verkäufer mit seinen Gütern thut. Jeder Theil schätzt für sich bei der Tauschvornahme, die wir Kauf nennen, seinen eigenen Vortheil. Diejenigen, welche in die Münze den Gedanken tragen, als regulirte sie den Preis, haben keinen Begriff von der Antwort auf die berühmte Frage Sir Robert Peel's „was ist ein Pfund?“ Die Antwort findet ihre Erledigung durch den Münzwardein, aber nicht im Werthe, sondern in der Menge. Der Münzwardein antwortet durch Festsetzung einer ziffernmässigen Summe. Er erklärt, wenn man festhält, dass 20 Shillinge ein Pfund und 12 Pence einen Shilling ausmachen, dass ein Pfund jener Theil einer Unze Gold ist, der in der Mehrheit von *L.* 3. 17 *s.* $10^1/_2$ *d.* die ganze Unze ausmacht; mit anderen Worten, er giebt kund, dass gesetzlich und thatsächlich ein Pfund so und so viel Carat Goldgewicht hat. Diese Carate sind in der umlaufenden Münze, welche man Sovereign nennt, enthalten; so dass ein Pfund nur ein anderer Name für Sovereign ist. Wo immer ein Pfund vor Gericht erschiene, es würde den Sovereign zwingen, statt eines Pfundes gegeben zu werden. Der Ausdruck ist für den Werth ganz unerheblich.

3. Die Münzstätte drückt der Münze einen Stempel auf; zu welchem Zweck? Um ihr öffentlichen Glauben zu geben; kund zu thun und zwar auf das Wort der Regierung, dass der geprägte Sovereign, wie er vorliegt, aus münzfüssigem Golde gemacht ist und den vollen vorgeschriebenen Werth besitzt. Um wieder mit Aristoteles zu reden, „indem man dem Gelde einen Stempel aufdrückt, den Menschen die Last des Wägens zu ersparen.“ Oder wie Herr Adam es gut ausgedrückt hat, „Jedermannn die Last zu ersparen, eine Flasche mit Säure und eine Waage mit sich herum zu schleppen.“ Metallstangen müssen, bevor sie in Zahlung genommen werden, einer Prüfung unterzogen werden; ein geprägter Sovereign oder Dollar sagt Jedem, was er ist.

Nichts kann einleuchtender sein, als diese Thatsache; und dennoch, wie manche selbst einsichtige Männer sind in Verlegenheit gekommen, wenn sie sagen sollten, welche Bedeutung für einen Sovereign der Stempel darauf hat.

4. Obwohl im Grunde jede Waare als Tauschwerkzeug dienen kann, so hat doch aus praktischen Gründen jede Nation, die edlen Metalle, wenn sie dieselben beschaffen konnte, zu Gelde verwendet. Ihrer Wahl stehen treffende Gründe zur Seite. Gold und Silber sind leicht zu verführen, das heisst, sie sind leicht im Vergleiche mit ihrem grossen Werthe, geschickt zu handhaben, schön anzusehen, nehmen kleinen Raum ein, sind hart und desshalb dauerhaft im Gebrauche, bewahren das Gepräge leicht und lange und sind ausserordentlich theilbar. Sie geben, in Münztheile verschiedener Grösse zerlegt, ein mit deren Gewichte in gleichem Verhältnisse stehenden Werth. Noch so sehr abgenutzt besitzen sie noch den vollkommen reellen Werth des in den Münzen verbliebenen Metalls. Die jungen Ochsen Diomeds und Amerikas müssen ein sehr ungeschicktes Geld gewesen sein, sehr schwierig in der Verfügung darüber, bis zu dem Zeitpunkte, wo mit ihnen ein Geschäft gemacht werden sollte; sie erforderten Ställe und Futter. Durch Anfassen und den Gebrauch werden die edlen Metalle in ihren physikalischen Eigenschaften nicht verschlechtert. Viehgeld ist dem Untergange sehr ausgesetzt; ebenso Stücke Steinsalz. Auch kann Vieh nicht getheilt werden; ein Ox könnte nur als ein ganzes behandelt werden; es könnte nicht ein Stück von ihm abgeschnitten werden, um einem kleineren Tausche zu dienen. Andererseits sind Münzen, besonders Goldmünzen, wenn man sie nicht länger als Geld braucht, leicht in reines Metall umzuwandeln, welches auch bei seiner Nutzung als Waare seinen vollen Werth bewahrt.

Die Einschmelzung von Gold - Geld würde die Inhaber vollwichtiger Sovereigns oder Dollars nicht schädigen; das Gold würde gleich in Geschmeide und Schmuck umgearbeitet werden. Endlich besitzen die edlen Metalle in hervorragendem Maasse das erste Erforderniss guten Geldes, Stetigkeit des Werthes. Das Wesen der Geldthätigkeit liegt in der Garantie, welche es beim Kaufe anderer Güter gewährt, welche mit den für dasselbe gegebenen gleichwerthig sind; eine nicht stetige Gewähr zerstört die durchaus zu seinem Leben erforderliche Eigenthümlichkeit. Jeder Vertrag, jedes Schuldverhältniss nimmt an, dass der Werth von der Zeit verstanden ist, wo die Schuld bezahlt werden muss. Unbedingte Sicherheit ist in diesem Punkte nicht zu erlangen, weil der Werth in einer Waare ausgedrückt wird, und es gibt nicht eine einzige Waare, welche nicht mehr oder weniger der Werthschwankung unterworfen ist. Aber das Geld, welches aus der beständigsten Waare gemacht ist, ist unvergleichlich die beste. Professor Sumner betont in humoristischer Weise die Unzuverlässigkeit der in den verschiedenen Arten des Geldes oder lieber des Tauschwerkzeuges gegebenen Gewähr. „Wenn eine Kuh Steuer zahlen soll, wie sie es in Amerika thut, so wird die magerste Kuh gegeben werden. Wenn Korn eine Schuld zahlen soll, so wird mit Korn gezahlt werden, welches von ärmlicher Beschaffenheit oder verdorben ist.“ Unzweifelhaft erfuhr das Gold und Silber zur Zeit der Entdeckung Amerikas einen langsamen Wechsel seines hergebrachten Werthes, zu grosser Verwirrung aller Verträge und Schuldverbindlichkeiten, deren Zahlung in diesen Metallen versprochen war. Sie mögen nachher noch fernere Entwerthung erfahren haben, obwohl das keineswegs als erwiesen anzusehen ist; gleichwohl sind sie dem Wechsel der Veränderung zugänglich wie alle anderen Waaren.

Diese wichtigen Erwägungen zusammengenommen haben den Ausschlag gegeben, die metallische Münze als das gängige Geld einzuführen; und dies Geld besteht aus einer Menge kleiner Theile eines edlen Metalls, die man Münze nennt, deren Gewicht und Feingehalt vom Staate bescheinigt wird.

Das Recht der Beglaubigung des allgemeinen Geldes, es

zu prägen, ist gewöhnlich als ein im Wesen des Staates begründetes Hoheitsrecht bezeichnet worden; aber diese Anschauung gehört einer politischen Philosophie an, welche nahe daran ist zu verschwinden. Thomas Aquinas erkannte die Wahrheit lange bevor sie bei der Masse der Menschen aufdämmerte. — „Rex datur propter regnum, non regnum propter regem." Welche Autorität oder welche Gerechtsame die Machthaber auch besessen haben mögen, immer haben sie ihren Ursprung in dem Interesse des ganzen Volkes; aber die Könige des Mittelalters, welche aus der Fälschung der Münze grosse Vortheile zogen, hatten es nicht eilig, die Nutzanwendung dieses Grundsatzes auf die Umlaufsmittel zu begreifen. Die ausschliessliche Münzhoheit des Staates beruht nicht sowohl auf einem Vorrechte, als vielmehr auf einem weit handgreiflicheren Grunde; der Staat kann diese Arbeit am besten verrichten und diese Rücksicht genügt und ist entscheidend. Die öffentlithe Wohlfahrt wird gar sehr davon berührt, dass das öffentliche Geld ehrlich das sei, wofür es sich ausgibt; und keine von Privatpersonen bewirkte Beglaubigung kann sich an Gewähr mit dem Stempel messen, den die Münzhoheit des Staates aufdrückt. Privatpersonen sind im Stande, ebenso gute Münze wie der Staat in Umlauf zu setzen, wie sie eben auch Barren in Umlauf setzen; und doch kann keine Beglaubigung eine so gute Sicherheit bieten wie die des Staates.

5. Endlich führt uns unsere Analyse auf den Ursprung des Wortes: „currency." Es kommt von dem Lateinischen curro, ich laufe; und unsere Betrachtung zeigt, dass das Geld läuft. Es ist in Umlauf. Es ist seine Aufgabe, gewisse Güter in eines Käufers Hand zu bringen; hat es sie erfüllt, so verlässt es ihn, um die nämliche Operation für den Verkäufer zu wiederholen, der es angenommen hatte. Er hat keinen Grund — es sei denn zufällig zur Aufsparung eines Kapitals — das Geld zu behalten; er empfing es für seine Güter einzig zu dem Zweck, um umgekehrt damit Einkäufe zu

machen. Je eher es zur Erfüllung seiner Bestimmung in Anspruch genommen wird, von ihm aus weiter zu laufen und der Tasche eines anderen späteren Verkäufers zuzufliessen, desto besser. Je schneller das Geld umläuft, desto grösser ist der Umfang der von ihm verrichteten Arbeit. Je länger es in der Tasche oder Kasse steckt, um so mehr nimmt es die Natur eines Karren oder Pflugs an, der nutzlos im Schuppen steht.

Wir kommen nun zu dem zweiten grossen Vortheil, den das Geld gewährt. Es wurde zur Beseitigung der dem Einzeltausche anklebenden unüberwindlichen Schwierigkeit erfunden, die Produkte der Industrie auszutauschen, welche nach den Bedingungen des menschlichen Daseins Niemand ganz allein für sich selbst herstellen kann. Sie sind also erst gegen Geld ausgetauscht, und dieses wiederum gegen andere Güter eingetauscht worden. Es folgt daraus mit Nothwendigkeit, dass jede Waare mit Geld verglichen wird; dass die Geld-Menge bestimmt wird, welche für die bestimmte Menge eines Artikels gegeben wird; mit anderen Worten, dass jeder Artikel seinen Preis erhält.

Preis ist der Werth eines in Geld abgeschätzten Artikels und da jeder Artikel seinen Werth hat, so können die Preise alle miteinander verglichen werden. Das Geld dient als Werths-Maassstab, gerade wie die Elle als Maassstab der Längenausdehnung. Längen und Entfernungen können im Vergleiche mit einer anderen in Ellen ausgedrückten, als um soviel länger oder kürzer bezeichnet werden; so wird der vergleichungsweise Werth der verkäuflichen Güter durch den Werth eines jeden gemessen, wie er im Gelde seinen Ausdruck findet. In dieser Weise dient das Geld als allgemeiner Werthsmesser. Gleichwohl ist begreiflicher Weise die Erfindung des Geldes nicht der Absicht entsprungen, diesen grossen Nutzen durch Beschaffung eines gemeinschaftlichen Werthsmessers herbeizuführen; der Nutzen war nur Erfolg der Thatsache, dass das Geld vermöge seiner eigensten Natur im um ein Pfund reicher gemacht. Sie sind alle mit englischem Eigenthume von gleichem Werthe bezahlt worden. Wozu denn all dies Frohlocken? Es gibt kaum eine traurigere Verblendung, wie dieser unvertilgbare närrische Glaube, dass es für ein Land unter allen Umständen gut sei, möglichst viel Geld zu erwerben. Wenn Bauern mit anhaltendem Jubel den Zufluss ganzer Schiffsladungen von Ackerwagen begrüssten, so würde man sie als Unsinnige bemitleiden; und nun frage ich, wesshalb dieses Jubelgeschrei über Gold vernünftiger ist? Wagen und Geld, beide sind Arbeitsgeräth — Werkzeuge der Bewegung von wesentlich gleicher Natur und Gegenstand derselben allgemeinen Gesetze. Für Beide gilt dieselbe Frage — wie viel davon sind für die Arbeitsverrichtung erforderlich, derentwegen sie erfunden wurden? In Ansehung des Geldes, wie viel Geld kann eine Nation gebrauchen? Wie viel kann zu ihrem Nutzen Verwendung finden? Die Antwort muss wie bei den Ackerwagen aus der besonderen Aufgabe abgeleitet werden, welche das Geld zu erfüllen hat — das heisst aus der Menge der Tauschgeschäfte, welche die Thätigkeit dieses Werkzeuges in Anspruch nehmen, aus der Menge des Eigenthums, welches die Besitzer mittelst dieses Instruments zu übertragen haben. Ein Wagen überträgt Lasten; Geld Eigenthum; und alle Welt weiss, dass der Umfang des Transportes die Zahl der Wagen bestimmt. Auf dieselbe Weise bestimmt die Menge des Eigenthums selbst, welche durch die Thätigkeit des Geldes übertragen werden soll, die Menge des der Nation erforderlichen Geldes. Eine andere Antwort ist nicht möglich, wenn man nicht leugnen will, dass das Geld nur ein Werkzeug ist; in diesem Falle muss eine andere Darlegung der Natur des Geldes Statt finden. Eine bestimmte Menge von Käufen und Verkäufen und Schuldenzahlungen geht täglich in jedem Lande unter Vermittelung des Geldes vor sich; ist genug vorhanden, um diese seine Bestimmung zu erfüllen, so liegt ein weiteres Bedürfniss nicht vor. Die Zahl der benöthigten Werkzeuge hängt von dem Umfange der Arbeit ab, welche durch sie ausgeführt werden soll; diese Regel geht aus dem Begriffe des Werkzeuges selbst hervor und ist völlig zutreffend. Eine gewisse Ansammlung von Geld ist unzweifelhaft wünschenswerth, gerade wie man Hüte oder Schuhe zurücklegt, um sich gegen die Ungelegenheit zu sichern, dass keine da sind, wenn Arbeit oder zufällige Umstände sie erfordern; aber es soll dieser Umstand an dieser Stelle nicht in Betracht kommen. Ferner müssen auch die nöthigen Reservegelder der Banken als ein nützliches Bedürfniss angesehen werden. Es handelt sich nur um den einen Punkt, ob Jedermann, der in der Lage ist, mit Münze kaufen oder bezahlen zu müssen, die dazu nöthige Münze zu Gebote steht? Ist das der Fall, dann genügt die Menge des Geldes; jeder weitere Erwerb von Münze oder Geld ist sinn- und werthlos.

Aber hier muss eine wichtige Unterscheidung vermerkt werden. Derselbe Gesammtbetrag aller Baargeschäfte erfordert nicht immer die gleiche Menge Geldes. Dieselbe Münze kann weniger oder mehr Käufe vermitteln, indem sie sich den örtlichen Verhältnissen anpasst. In einem Spielhause kann derselbe Dollar oder Sovereign in einer viertel Stunde zwanzig Umsätze bewirken. Im Gebiete der West-Staaten mag er Wochen oder Monate in eines Landmannes Tasche stecken, bevor er benutzt werden kann. Bei einer Nation mit langsam pulsirendem Leben, oder wo Käufer und Verkäufer weit von einander entfernt wohnen oder wo kein Credit gewährt wird, da ist eine weit grössere Münzmenge zur Bewirkung der Umsätze nöthig, die unter gegentheiligen Verhältnissen mit weit weniger aber schneller umlaufender Münze ausgeführt werden könnten. Desshalb wird die Schnelligkeit des Umlaufs die Geldmenge oder die erforderliche Münze so weit wie möglich einschränken. Gleichwohl bleibt die Regel in beiden Fällen dieselbe. Es muss für zureichendes Geld gesorgt werden, die Baargeschäfte gross und klein zum Austrage zu bringen und Nichts mehr; es kann mehr keine

Verwendung finden (wobei ich von Spaargeldern absehe) ungeachtet aller Kaufleute, Krämer, Inflationisten (inflationists), Banquiers, Fonds-Börsen und Zeitungen. Wir leiten daraus die wissenschaftlich bedeutende Wahrheit ab, dass die Frage nach der Vertheilung der edlen Metalle, auf die so sehr und so oft Nachdruck gelegt wird, im Grunde nichts Anderes ist, als eine Frage nach dem kaufmännisch Hergebrachten in verschiedenen Ländern und Gegenden. Eine Nation ist nicht ärmer, weil sie wenig Gold hat, noch auch reicher, weil sie mehr hat, wenn sie überhaupt nur genug hat. Die edlen Metalle fliessen den Ländern von niederer Civilisation und politischer Unsicherheit zu, wo das Gesetz schwach und seine Handhabung unzuverlässig ist, desgleichen denjenigen Nationen, welche bedeutender Bank-Reserven bedürfen, wovon weiter unten; während sie in Ländern mit hoher commercieller Entwickelung kaum eine Ruhestätte finden, da, wo das Eigenthum sicher, der Credit zuverlässig, die Einziehung der Schulden leicht und verlässlich ist und wo die Besitzer von Gütern bereit sind, sich von ihnen gegen Empfang von Checks und Wechseln oder ähnlicher Vorrichtungen für ausgesetzte Zahlungen zu trennen. So giebt es wahrscheinlich kein Land auf der Erde, welches im Vergleiche mit der Ausdehnung seines Reichthums und seiner Handels- und Gewerbthätigkeit, so wenig Geld, ich meine Metallgeld, nöthig hat und gebraucht, wie England.

Die Frage, wie Jemand die Zahl der Käufe, Verkäufe und Schuldenzahlungen in England nachweisen und wie man die Zahl der dazu erforderlichen Sovereigns erfahren könne, muss in derselben Weise beantwortet werden, wie die entsprechende Frage, wie viel Hüte England nöthig habe. Einzig und allein durch die praktische Erfahrung. Die Regel lautet: so viel Köpfe, so viel Hüte; ihre wirkliche Zahl wird im Wege des Experiments von den Hutmachern nachgewiesen. In ganz derselben Weise wird die Zahl der Umsätze und Zahlungen festgestellt, welche mittelst der Sovereigns und Dollars bewirkt werden; und gerade wie der Hutmacher in Fertigung weiterer Hüte einhält, wenn jeder Kopf einen hat, so findet das Gold, wenn in einem Lande mehr vorhanden ist, als zur Ausführung der vorliegenden Arbeit erforderlich ist, anfangs seinen Weg in die Gewölbe der Barren-Händler oder der Bank von England und fliesst dann nach und nach in's Ausland ab. Wenn die Welt voll von Gold wäre — das heisst, wenn allen Ansprüchen an seine Verwendung als Zahlungsmittel (von seiner Verwendung in der Kunsttechnik ist hier abgesehen) genügt wäre, müsste eine von zwei Folgen eintreten; entweder es müsste der Bergbau seine Produktion einschränken, oder das Gold müsste im Werthe fallen. Es muss dem bei allen Waaren geltenden Gesetze von Angebot und Nachfrage folgen: es muss im Preise fallen, was beim Golde mit seinem Vermögen weniger Güter kaufen zu können gleichbedeutend ist.

Aber wie, wenn ein Land Mangel an Gold leidet? Ist das nicht eine sehr ernste Sache, fast eine Calamität? Gar nicht. Zunächst bedeutet es nicht einen Mangel an Wohlstand — das Land ist desshalb nicht ärmer; das Gold kann nur unter Hingabe anderen Eigenthums im Wege des Tausches beschafft werden. Es würde seine Kraft, in Läden und Magazinen Güter einzukaufen, nicht mindern, wenn zufällig weniger Münze, weniger Geld da wäre, wie man sich das häufig und vor Allem in Amerika einbildet. Güter werden mit anderen Gütern gekauft; und das Land würde im Besitze Derjenigen bleiben, welche behufs Anschaffung einer lediglich zum Tausche dienenden Maschinerie fortgesandt werden müssten. Und zweitens würde das Fehlen eines einzelnen Arbeitsgeräthes gewisse Unbequemlichkeiten im Gefolge haben; aber sie würden in Ansehung der Münze doch sehr verschiedenartig von denen sein, welche eintreten würden, wenn zu wenig Pflüge da wären, oder wenn die Maschinen einer Fabrik unzeitig vermindert würden. In diesen Fällen müsste nothwendig eine Abnahme des Wohlstandes eintreten; das Land würde in der

That ärmer geworden sein. Mangel an Münze würde einfach den Tausch hindern, das würde Alles sein. Aber es würde auch nicht an Mitteln fehlen, der augenblicklichen Schwierigkeit zu begegnen. In unseren Tagen würde rasch aus fremden Ländern frische Zufuhr beschafft werden; das Gold würde ausserhalb gekauft werden, wie es der Fall gewesen sein würde, wenn kein Mangel eingetreten wäre. Und selbst ohne dies Mittel würden andere Hülfsquellen zu Gebote stehen. Die Schnelligkeit des Geldumlaufs würde zweifellos zunehmen, es würde rascher laufen und mehr Arbeit verrichten. In einem Lande, wo das Bankwesen ausgedehnte Anwendung findet, würde die augenblickliche Schwierigkeit unbedeutend sein. (Ich spreche hier nicht von einem Fehlen der Bank-Reserven, das soll beim Bankwesen erörtert werden.) Es würden Checks von kleinem Betrage in Zahlung gegeben werden, bis ausreichender Ersatz an Gold eingegangen sein würde. Fünfzig Jahre früher war es für die Arbeitgeber in England keine ungewöhnliche Begebenheit, dass ihnen zeitweise das Silber ausging, und sie dann genöthigt waren, um Sonnabend Abend einen Sack mit Silbergeld zu erhalten, kleine Prämien zu zahlen; aber solche Fälle kommen nicht mehr vor. Bei dem Rennen nach der Bank um Gold würde es sich um eine andere Sache handeln. Es deckt sich das nicht ohne Weiteres mit der von uns vorausgesetzten Thatsache, dass positiv das Geld für alle im Lande erforderlichen Baarzahlungen in Münze fehlt.

Eine Eigenthümlichkeit metallischer Umlaufsmittel verdient Erwähnung. Bei bestehenden Erwerbs-Verträgen über Barren gegen feststehende, in der Vergangenheit vereinbarte Zahlungen in Münze liegt nicht, wie sonst bei allen anderen Artikeln der Fall ist, für das Publikum ein Interesse vor, das für den Geldumlauf bestimmte Gold billiger zu machen. Eine Abnahme des Preises beim Thee bedingt ein Wachsen des Wohlstandes; nicht so bei der Goldmünze. Der Grund dieser Verschiedenheit besteht in dem Umstande, dass gerade der Werth des Goldes die Eigenschaft ist, welche ihm erlaubt, als Werkzeug zu arbeiten. Dieser nämliche Werth ist es, welcher mit Münze beglichen werden muss; zwei Sovereigns, im Werthe von je zehn Shilling, würden zum Abschlusse eines Geschäftes erforderlich sein, welches früher mit Einem Sovereign im Werthe von zwanzig Shilling abgeschlossen wäre. Von der Billigkeit oder Kostspieligkeit der edlen Metalle wird nur Gewicht und Maass der Münze beeinflusst, die bei Vermittelung des Austausches anderer Güter den entsprechenden Werth haben soll — in der That könnte grosse Billigkeit des Goldes sehr ernste Ungelegenheit hervorrufen. Sollte ein Shilling aus Gold nicht werthvoller mehr sein, als ein silberner, so würde das eine sehr bedenkliche Erhöhung des Gewichts bedingen; praktisch würde es unvermeidlich zur Folge haben, dass die Münze in grossem Umfange ausser Gebrauch käme, und die Zahl der Checks und Banknoten von kleinem Betrage, sowie andere Tauschwerkzeuge verhältnissmässig zunähmen.

Aus dem Umstande, dass eine grosse Zunahme der Goldproduktion, wenn sie in der ganzen Welt eine völlige Befriedigung der Geldbedürfnisse herbeigeführt hätte, nothwendig zu einem Fallen des Geldwerthes führen müsste, ist geschlossen worden, dass eine ähnliche Wirkung bei einer einzelnen Nation Platz greifen würde, und folgerichtig ist der Menge ihrer Umlaufsmittel eine grosse Wichtigkeit zugeschrieben worden. Eine Verminderung des Goldes in England, hat man gesagt, mache die Münze theuer und verursache ein lokales Fallen sämmtlicher Preise. Dagegen hat man gemeint, dass ein übersättigter Umlauf ein entgegengesetztes Resultat erzeuge und dem entsprechend allwöchentlich in England den Umfang der Cirkulationsmittel sorglich in's Auge gefasst. Ich sehe das als einen entschiedenen Irrthum an, und die darauf gebaute Umlaufstheorie als ein völliges Verkennen. Sie vergisst, dass das goldene Münzmetall leicht verführbar, leicht aus einem Lande in das andere zu bewegen ist. Schon eher die Münze so knapp geworden wäre, dass dieser Umstand Einfluss auf die Preise übte, würde man das Unzuträgliche dieses Zustandes empfunden und schnell mit Hülfe der Transportmittel unserer Tage Ersatz vom Auslande beschafft haben. Der geringste Unterschied in der werbenden Kraft des Goldes zweier Nachbarländer würde schnell zur Ausgleichung im Wege der Einfuhr führen. Der Werth des Goldes ist bei irgend mässigen Entfernungen in allen Ländern derselbe. Ein Uebermaass an Gold macht seinen Werth bei einem einzelnen Volke nicht geringer, aber es erzeugt Ansammlung in den Banken; es hat keine Veranlassung, in Umlauf zu bleiben, und gleich uneinlösbaren Noten auf die allgemeinen Preise zu drücken. Gegenwärtig liegen sechszig Millionen Pfund Sterling in der Französischen Bank begraben; wie ist es möglich, dass dieser Schatz, oder irgend welcher andere, einen Einfluss auf die Preise üben kann? Wenn Noten und Banken in Thätigkeit sind, so erscheint die Menge der mit Münze vermittelten Geschäfte unbedeutend. Allein in London begleicht das „Clearing House" mehr Käufe und Verkäufe in Einer Woche, als die gesammte Menge der Goldmünze im Königreiche beträgt. Es folgt daraus, dass die Menge des sogenannten Gold- und Notenumlaufs zusammengenommen gar nicht von durchschlagender Bedeutung ist; sie hat keinen Einfluss auf die Preise; sie ist ein beachtenswerther Theil der Statistik und Nichts weiter. Alle Länder sind mit einander durch Dampfschifffahrt und Eisenbahn verbunden. Die Gold-Aus- und Einfuhr hat keine Bedeutung, ausser im Bankgeschäfte, wovon weiter unten. Mag das Australische und Kalifornische Gold in England bleiben oder hindurch gehen, um als Zahlung für Französische Weine, oder Deutsche Wolle, oder Amerikanische Baumwolle zu dienen, immer weist das nur auf die Bewegung des Umlaufs hin, ja es kann sogar ein grosser Vortheil darin liegen. Wenn ein schlechtes Jahr die Ernte vernichtet hat, so ist das Land glücklich, welches in der Lage ist, einen Goldvorrath zu haben, den es sofort zum Einkauf von Lebensmitteln absenden kann. Die Ausfuhr von Metall hat keine Minderung des Nationalvermögens zur Folge. Es hat unthätig in einem Gewölbe gelegen; nun rückt es aus und bringt Kapital ein, Nahrungsmittel für Arbeiter, die mit der Güterproduktion beschäftigt sind. Man sollte nicht davon wie von einer Kalamität reden; sachentsprechend ist es, sich darüber zu freuen.

Das Gold übt eine sehr werthvolle Thätigkeit aus bei der Ausgleichung der internationalen Handels-Bilanzen. Wie unter einzelnen Personen, so besteht auch unter den Nationen der Handel in einem Austausche von Hab und Gut, von Gütern. Jede Nation kauft im Auslande mit ihren eigenen Erzeugnissen, ihren eigenen Gütern — sie hat nichts Anderes, um es zum Einkaufe zu verwenden. Wenn ein Land Goldminen hat, so verkehrt das Gold wie ein Produkt, gerade wie Baumwolle oder Wein. Wenn sich der Käufer mit dem Verkäufer täglich begliche — wie das beim direkten Tausche von selbst der Fall sein würde — so würden die Rechnungen sich stets gegeneinander aufheben. Aber weil die Einkäufe einem einzelnen fremden Lande gegenüber nicht immer gleich den Verkäufen sind, so ist es nöthig, an einem bestimmten Tage den Ausgleich zu bewirken, und das geschieht vermittelst eines Geldexports aus dem Lande, welches mehr gekauft, in das andere, welches mehr verkauft hat. Mitunter ist dieser Unterschied gross, wenn zum Beispiel eine schlechte Ernte oder Hungersnoth zu plötzlichen und grossen Einkäufen von Nahrungsmitteln drängt, und es für den Augenblick schwierig wäre, das erforderliche Gold zu beschaffen. Aber es kommen hier die Hülfsmittel des modernen Handels zu Hülfe; Wechsel — welche nichts Anderes als verschobene Zahlungen bedeuten — werden in Cours gesetzt, und oft ist schon, noch bevor sie fällig geworden sind, das Gleichgewicht durch den Export von Gütern hergestellt. Unter allen Umständen, wie Adam Smith ganz richtig bemerkt, kann sich England mit Gold vom Auslande versehen, wenn es nur was dagegen einzusetzen hat. Handel ist schliesslich nichts Anderes, als Austausch von Gütern.

Internationale Zahlungen machen es nöthig, das Geld der verschiedenen Länder mit einander zu vergleichen. Jedes Land verkauft nach Preisen, die in seinem eigenen Gelde ausgedrückt sind; daher im internationalen Tauschverkehre zwei Rechnungen neben einander geführt werden müssen, von denen eine jede in verschiedenen Geldarten ausgedrückt ist. Wie lässt sich nun das Verhältniss beider zu einander berechnen? Sie müssen auf denselben Nenner gebracht werden — das Gold. Französische Napoléons und Franken müssen in Goldgewicht umgerechnet werden, nicht anders die Englischen Pfunde und Shillinge. Man führt diese Operation dadurch aus, dass man die Münze des einen Landes in der Münze des anderen ausdrückt. Das Gewicht des Goldes in einem Englischen Sovereign wird mit dem Gewichte desselben Metalles in Französischen Franken verglichen, welches auf Grundlage des im Zwanzig-Frank-Stücke enthaltenen Goldgewichtes berechnet wird. Man hat gefunden, dass fünfundzwanzig Franken und etwa $^{11}/_{100}$ mehr den nämlichen Goldwerth wie der Englische Sovereign ausdrücken, und dieses Ebenmaass hat man beim Austausche das Pari genannt. Steht der Cours auf Pari, so kann Jeder, der einen Englischen Sovereign hat, dafür die erwähnte Zahl Franken erhalten, und umgekehrt sind die Franken im Stande einen Sovereign zu erwerben. Ein Goldhändler, welcher auf dieser Grundlage einen Haufen Sovereigns und einen Haufen Napoléons kaufte und aus dem Golde Barren gösse, würde von jedem der Haufen genau dieselbe Menge Barren erhalten.

Aber der Cours zweier Länder steht selten auf Pari und zwar aus einem triftigen Grunde: selten stellt sich Kauf und Verkauf an Einem Tage gleich; die Differenz aber ist man, wie erläutert, übereingekommen, in Gold bereit zu stellen. Die Versendung von Gold bedingt aber Ausgaben für Transportmittel und Versicherung; und wer in der Lage ist, versenden zu müssen, wird diese Ausgaben womöglich vermeiden. Es werden die nach fremden Ländern verhandelten Güter alle mit Ausnahme des geringen in Gold zahlbaren Ueberschusses durch Compensation der Schulden im Wege des Wechselverkehrs beglichen. Der Englische Schuldner befriedigt seinen Französischen Gläubiger dadurch, dass er ihm einen Wechsel schickt, den ein Französischer Schuldner für Englische Waaren zu bezahlen schuldig ist. Wenn die Geschäfte zweier Länder gleich gross sind, so werden es auch die durch sie veranlassten Wechsel sein. Anderen Falls werden einige Schuldner nicht in der Lage sein, einen Wechsel zu finden, und jeder Schuldner in dem Lande, welches dem anderen die grösste Summe schuldet, wird mit allen anderen darum werben, nicht derjenige sein zu müssen, der die Kosten der Goldsendung auf sich zu nehmen hat. Er wird für einen Wechsel lieber mehr geben wollen, als sein Werthbetrag in Metall zum Pari-Course ausmacht. Der Franzose wird lieber in Paris, ich will sagen, $25\frac{1}{4}$ Franken für ein in London zahlbares Pfund geben, als dass er Gold schickt. Wenn der Handel sich in entgegengesetzter Richtung bewegt, und England an Frankreich mehr schuldet, als Frankreich an England, so wird der Englische Schuldner in London darauf aus sein, in London einen Wechsel zu kaufen, den ein Franzose in Frankreich zu zahlen hat; er wird für $24\frac{3}{4}$ in Frankreich zahlbarer Franken Einen Sovereign erlegen. Im ersteren Falle spricht man von einem England günstigen Wechselcourse; der Engländer erhält einen viertel Franken über das Goldgewicht seines Pfundes hinaus. Im zweiten Falle nennt man den Wechselcours ungünstig; der Engländer empfängt in $24\frac{3}{4}$ Franken weniger Gold, als er in seinem Pfunde hingegeben hat. Ein günstiger Wechselcours schliesst ein, dass England mehr verkauft als gekauft hat; es hat dann ein Guthaben in Gold. Ein ungünstiger Wechselcours bedingt das Gegentheil, es ist Schuldner gemäss der jeweiligen Tages-Abrechnung. Aber es wird der Wechselcours das Pari nicht höher als um die Kosten der Goldzufuhr und der Transport-Versicherung übersteigen können. Wenn der Goldtransport nach England im Gewichte eines Pfundes Einen halben Franken Kosten verursacht, so wird der Pariser Schuldner ein Wechsel-Accept ausstellen, welches ihm die Zahlung von 25½ Franken an Stelle Eines in England zahlbaren Pfundes auferlegt; aber er wird es ablehnen, ein solches über 25¾ zu geben; es würde ihm eben weniger kosten, Gold hinzuschicken.

Es lässt sich kaum eine falschere und verwirrendere Ausdrucksweise denken, als die Worte: „favourable and unfavourable exchanges" (günstige und ungünstige Handels-Bilanz). Sie lebt immer noch trotz der bemerkenswerthen Zurückweisung, die das Unwahre in ihr durch Adam Smith erfahren hat; sie verräth eine völlige Unkenntniss der wahren Natur des ganzen Handelsverkehrs; sie macht einen Strich durch die lebendige Thatsache, dass man nur von fremden Ländern kauft, um sich Güter zum Gebrauch und Verbrauch zu verschaffen, und dass der ganze Handelsverkehr Nichts Anderes ist, als ein Austausch von Gütern. Dieser Sprachweise ist der Gedanke völlig fremd, dass das Gold als blosses Werkzeug dient. Sie weisst auf Gold, Münze oder Geld als letztes Ziel, als auf ein Gut hin, welches seinen Zweck in sich selbst hat, eine Sache, der man das vorzügliche Vermögen beilegt, Jemandes Wohlstand aufrecht zu erhalten. Sie ist durchtränkt mit der Merkantil-Theorie; so ganz umsonst hat Adam Smith geschrieben. Jene Worte drücken Genugthuung über den Nachweis aus, dass England mehr verkauft als gekauft hat, und verbreiten damit den blendenden Irrthum, dass ein Uebermaass des Exports über den Import einen ausgezeichneten Stand des Handelsverkehrs bedeute; dass es eine gute Sache um die Ausgabe und den Verbrauch des Vermögens sei, wenn man nur Eisen und Baumwolle fabricire und an deren Stelle Gold einführe — zu welchem Zwecke, das sagen sie nicht. Sie geben dem Unverstande der Kaufleute und Krämer Nahrung, dass Alles auf dem Verkaufe beruhe, ohne zu bedenken, dass verkaufen ohne zu kaufen darauf hinaus läuft, einen Menschen zum Midas umzuwandeln, und ihn unter den Pfeilspitzen des Goldes verenden zu lassen. Ungemessenen Werth auf die Gunst der Aus- und Einfuhr zu legen, ist auf geistigem und literarischem Gebiete eine der grössten Wunderlichkeiten unserer Tage.

Es bleiben noch wenige Worte über eine doppelte Währung zu sagen. In einigen Ländern ist für Schulden-Zahlungen Gold sowohl wie Silber gesetzliche Währung. Der Ausdruck gesetzliche Währung (legal tender) findet nur auf Bezahlung einer vertraglichen Geld-Verbindlichkeit, einer Schuld, Anwendung; er bedeutet, dass das Gesetz die Schuld für bezahlt erklärt, wenn darauf gesetzliche Währung, Geld, in Zahlung gegeben worden ist. Eine zwiefache Münzwährung gibt dem Schuldner die Wahl, nach Belieben in Gold- oder Silber-Münze zu zahlen. So lange nun der marktgängige Werth des Metalls unverändert ist, wird der Vertrag, gleichviel ob Gold oder Silber in Zahlung gegeben wird, rechtmässig erfüllt und kein Theil hat einen Vortheil vor dem anderen. Die Gesetze stellen für Zahlungen das Mengenverhältniss der beiden Münzarten oder Metalle zu einander fest. In England versteht man unter zwanzig Shillingen und Einem Sovereign dieselbe Geldsumme. Aber unglücklicher Weise kann das Gesetz die Unveränderlichkeit des metallischen Silber- oder Gold-Werthes nicht sicher stellen; sobald eine Werthsschwankung bei Einem von Beiden Statt gefunden hat, werden offenbar zwanzig Shilling mehr als ein Sovereign oder weniger werth sein. Ein Schuldner wird die Zahlung immer in der billigsten Münzsorte wählen, in derjenigen, welche ihm den geringeren Aufwand an Vermögenswerth kostet. Wenn das Silber billiger wird als das Gold, würde der Englische Gold-Sovereign im Auslande zum Ankauf von Silber verwendet und dieses wiederum zur Ausmünzung in die Englische Münze gebracht und mit Vortheil zur Bezahlung von Schulden verwandt werden. Man hat daraus die praktische Regel abgeleitet, dass die minderwerthe Münze das Bestreben habe, alle übrige ausser Landes zu treiben, mit anderen Worten, dass das Geld, dessen Metall-Werth beim Vergleiche mit dem zwischen der Münze beider Metalle festgesetzten Werthsverhältnisse zu niedrig steht, von allen Schuldnern gesucht werden müsste, weil sie es vortheilhaft mit dem anderen zur Münze verwendeten Metalle einkaufen könnten.

In England hat trotz mannichfacher Schwankungen im Metall-Werthe des Silbers das Verhältniss von zwanzig Shillingen zum Pfunde lange bestanden. Der Auswanderung des Goldes ist durch die gesetzliche Bestimmung vorgebeugt worden, dass das Silber nicht über den Betrag von vierzig Shillingen als gesetzliches Zahlungsmittel gelten soll. So sind die Shillinge als ein blosses Hülfsgeld bestehen geblieben — unterwerthig, mit weniger Silber darin, um den zwanzigsten Theil eines goldenen Sovereigns auszumachen, aber nicht so geringhaltig, dass es, zumal bei ihrer geringen Zahl, Falschmünzern der Mühe verlohnen sollte, sie aus ächtem Silber anzufertigen.

Eine zusammengesetzte Münzwährung scheint mir nicht durch zureichende Gründe unterstützt zu werden, und es kommt dabei die Ungerechtigkeit in Betracht, dass ein Schuldner in die Lage kommt, seinen Gläubiger mit einem geringeren Metall-Werthe zufrieden zu stellen, als wozu er vertraglich verbunden war.

ZWEITES KAPITEL.

Papierne Umlaufsmittel.

Erste Abtheilung.

Einlösliche Banknoten.

Wir haben bis jetzt die Natur und die Prinzipien der metallischen Umlaufsmittel festgestellt; wir gehen nun zu den papiernen über, und wir werden auch hier dieselben allgemeinen Prinzipien nur unter kleinen Abweichungen vorwalten sehen, wie sie aus dem Unterschiede zwischen Papier und Metall hervorgehen. Münze und Banknoten verrichten im Allgemeinen dieselbe Arbeit. Sie übertragen Eigenthum und vermitteln so den Austausch der Waaren. Man erfand beide zur Erfüllung desselben Zweckes. Was wir bei Betrachtung der metallischen Umlaufsmittel gefunden haben, muss unwandelbar zur Anwendung kommen, oder es wird das Ende die Last der Unwahrheit tragen.

Aber es thut Noth, das Wort „currency" (papierne Umlaufsmittel) zu erläutern. In Amerika wird der Ausdruck meistens zur Bezeichnung von Tauschwerkzeugen, die nicht Geld sind, gebraucht — aller derjenigen nämlich, welche aus Papier bestehen; aber man muss diese herkömmliche Gewohnheit von der Hand weisen. Das Wort „currency" begreift ein Durcheinander in sich, dass wir für etwas mehr oder weniger Entschuldigung finden, wenn wir alten Worten einen neuen Sinn unterlegen. Jene Sprachweise ist ferner dem Vorwurfe ausgesetzt, dass sie sehr verschiedene Dinge unter Einen Ausdruck begreift; denn ein Check und eine Banknote sind sehr verschiedene Gegenstände. Ein Check gehört nicht zu den Umlaufsmitteln (currency), er läuft eben nicht. Das Wort „currency" ist als generischer Begriff erforderlich, um zwei Arten des nämlichen Werkzeuges zu umfassen, welche in Lauf und Cirkulation sind und allgemein Geld genannt werden. Beide bleiben dauernd in den Händen des Publikums. Ein Check läuft gegentheils geraden Weges zur Bank, die ihn zu bezahlen hat. Ein Wechsel läuft etwas mehr um; er mag mittelst der Indossamente durch einige wenige Hände laufen, aber es ist der Tag seiner Bezahlung, und wo er seine Kraft verliert, genau bestimmt. Darin liegt ein Unterscheidungsmerkmal mehr für diese Zahlungs-Vorrichtungen und die Banknote. Sie sind so zu sagen an die Person gebunden. Jeder, der sie nimmt, weiss, dass er um seiner eigenen Sicherheit willen verbunden ist, ihre Unterschriften zu prüfen. Es handelt sich da um die Vornahme einer ganz besonderen Erwägung, wenn man Güter gegen Checks oder Wechsel fortgeben will. Das sind im Volksmunde nicht Gelder, nicht etwas, das Jedermann wie einen courshabenden Gegenstand annimmt. Umgekehrt ist die Banknote fast gar nicht an die Person gebunden. Sie ist zur Hälfte gewissermassen namenlos; wenn eine Bank einmal ganz fest begründet ist, so laufen ihre Noten alle ohne Anstand in der Stadt um.

Aber ist die Banknote bei alledem Geld? Sie wird Geld genannt; das geschieht auch gelegentlich bei Wechseln. Den Checks wird diese Bezeichnung noch viel häufiger beigelegt. Wenn ein Krämer Wechsel, Checks und baare Kasse an die Bank abführt, nennt er das Alles Geld. Sogar Mr. Bragehot in seinem „Lombard Street" (oder der Geldmarkt von London), welches ausdrücklich zur Aufklärung des Geldmarktes geschrieben ist, „eines eben so greifbaren und wirklichen Gegenstandes wie irgend ein anderer und nicht minder fähig, mit eben so schlichten Worten beschrieben zu werden, so dass es der Fehler des Schriftstellers ist, wenn seine Worte nicht klar sind," gibt dem Worte Geld sechs verschiedene Bedeutungen. Wenn das bei einem Schriftsteller von Fähigkeit und Ruf möglich ist, in welcher Verfassung muss der Gemüthszustand gewöhnlicher Sterblicher bei einer augenscheinlich so gut erkannten Sache wie das Geld sein? Und diese merkwürdige Ungenauigkeit des Ausdruckes zieht sich ganz ebenso durch das Privat-Leben wie durch das Kaufmännische. Von einem reichen Manne sagt man, er habe so und soviel Geld in baar oder in Eisenbahn-Aktien. Die unter dies vieldeutige Wort gebrachten Gegenstände sind so zahlreich wie Sand am Meere.

Münze, metallische Münze, ist einzig wahres Geld, und nichts Anderes, es sei denn eine Waare, etwa ein Ochs, eine Kuh oder ein Stück Salz. Der durchschlagende Grund für diesen Satz ist folgender: Alle Arten des sogenannten Papiergeldes tragen auf ihrer Vorderseite eine Anweisung oder ein Versprechen der Geld-Zahlung; und ohne diese würden sie werthlose Papierschnitzel sein und Nichts mehr. Die Anweisung oder das Versprechen, eine Sache zu geben, ist nicht die Sache selbst; die Sache ist abwesend. Das stellt die Sache vollkommen klar: Papier ist nicht Geld. Der Einwurf ist hinfällig, die Unterscheidung sei nichtssagend — die Banknote verrichte dieselbe Arbeit wie das Geld und praktisch liege kein Bedenken vor, sie Geld zu nennen. Ich erwidere, dass das Bedenken sehr gross ist, wenn es sich um Verständniss für die Umlaufsmittel handelt. Es wird die lebendige Thatsache verdunkelt, dass Jemand, der eine Goldmünze für seine Güter in Zahlung nimmt, ein wirkliches Stück Eigenthum, ein Metall empfängt, welches ebenso werthvoll ist, als die von ihm abgegebene Sache. Er erwirbt mit einem Check oder einer Banknote nicht den geringsten Stoff-Werth; wenn der Check nicht honorirt wird oder es fällt die Bank, so behält er für den fortgegebenen Werth Nichts in der Hand.

Wenn Checks und Banknoten wahres Geld sind, dann sind es auch mündliche Promessen, durch die man Eigenthum erwerben und den Käufer ganz ebenso streng an das Gesetz binden kann, wie mit einem Check. Wird ein Buchhändler angewiesen, den Betrag von fünf Pfund für Bücher in Rechnung zu stellen, so übernimmt damit der Käufer eine ebenso vollkommene Zahlungsverbindlichkeit als durch einen Check. Münze ist eine Substanz, etwas Wirkliches, was man übereingekommen ist für gekaufte Güter zu entrichten; folgerichtig ist nur Münze ein Zahlungsmittel. Endlich braucht man niemals zur Münze zu greifen, weil sie bei einer Rechnung aus dem Spiele bleiben kann, in der Forderungen und Gegenforderungen im Credit und Debet figuriren; man fragt also gar nicht nach Münze, weil man den Gegenwerth schon in Gütern empfangen hat.

Alle die anderen Sachen — mündliche Promessen, Ladenrechnungen, Banknoten, Checks, Lagerscheine — sind Nichts als Rechtstitel, gute Beweismittel, um versprochene Zahlungen, wenn sie nicht gutwillig geleistet werden, auf gesetzlichem Wege zu erzwingen. Ohne einen Gerichtshof im Hintergrunde würden sie nur Anerkenntnisse sein, die sich auf den guten Glauben gründen, und könnten jeden Augenblick den Beweis liefern, dass sie ein leeres Geschreibsel sind. Eine Banknote ist nicht ein in Jemandes Hand befindliches Eigenthumsobjekt. Jeder Verkäufer kann ihre Annahme ablehnen. Wenn die Bank faillirt, wird der Inhaber überhaupt nicht bezahlt werden.

Die Wahrheit, dass Banknoten kein Geld sind, erhält eine bemerkenswerthe Bestätigung durch die Gründe eines Urtheils, welches der oberste Gerichtshof der Vereinigten Staaten gefällt hat. Die Rechtsfrage, welche zur Schlussentscheidung stand, war die, ob Schulden, die in Voraussicht der Congress-Akte, durch welche uneinlösliche Banknoten, die sogenannten „greenbacks“, zur gesetzlichen Währung erhoben wurden, contrahirt wären, durch Zahlung mit diesen Noten für getilgt zu erachten wären. Es möchte kaum etwas Zutreffenderes und Bewundernswürdigeres geben, als der vom Ober-

Richter Chase aufgestellte Rechtsgrundsatz. Er urtheilte, dass solche Schulden auf Geldzahlung gerichtete Verträge seien, und dass Banknoten kein Geld wären und einem Gläubiger nicht als Befriedigung für seine Schuld aufgedrungen werden könnten. Die Unterscheidung, dass nur Münze, der metallische Dollar, Geld sei, war sehr scharf und genau getroffen und ebenso rückhaltlos das Recht des Gläubigers auf die vereinbarte Zahlung anerkannt. Eine Banknote wurde nicht als Zahlmittel erkannt; sie konnte nicht zur Erfüllung eines auf Geldzahlung gerichteten Vertrages dienen. Ganz anders liegt der Fall bei den später nach dem Inkrafttreten des Gesetzes, welches die „greenbacks“ für gesetzliche Währung erklärt, contrahirten Schulden. Der Gläubiger war besonders gewarnt, bevor dem Worte Dollar die gesetzliche Bedeutung beigelegt wurde, dass darunter jedes Stück Papier zu verstehen sei, welches das Anerkenntniss einer Schuld der Regierung der Vereinigten Staaten enthielte. Er wusste, dass, wenn er auf ein Geschäft, welches in Dollars abgewickelt werden sollte, Credit gäbe, er nicht Geld empfangen würde, sondern den Uebertrag einer von der Regierung übernommenen, in Papier ausgedrückten Schuld. Er liess sich nicht Geld versprechen und hatte desshalb auch keinen rechtlichen Anspruch auf Geld, konnte es also auch nicht empfangen. Er sollte Dollars erhalten, wie sie nach dem Währungsgesetze zu verstehen sind, nicht metallische Dollars, die Geld sind, sondern eine von der Regierung ausgestellte Promesse auf Zahlung solcher Dollars, ohne irgend ein Versprechen auch nur rücksichtlich der Zeit, wann sie gegeben werden sollen. Es war seine Sache, beim Weggeben seiner Gelder in Rücksicht zu ziehen, welchen Werth das Versprechen eines Dollars oder das Stück Papier in den Kaufläden haben möchte.

Obwohl nun Banknoten kein Geld sind, ist doch der Versuch hoffnungslos, sie dieses Titels zu entkleiden. Wenn die Banknoten sich im öffentlichen Glauben festgesetzt haben, ist im Volksmunde die Grenze zwischen ihnen und der Münze nicht aufrecht zu erhalten. Durcheinander gemischt in demselben Beutel wird die ganze Summe als Geld angesehen. Beide verrichten dieselbe Arbeit, beide zirkuliren und kaufen mit derselben Leichtigkeit, beide geben keine andere Vorstellung von sich, als dass sie Geld sind, um damit zu kaufen. Gleichwohl wurzelt in ihnen als unterscheidendes Merkmal, dass Münze eine wirkliche Zahlung bewirkt, während Noten es nicht thun, und das ist von höchster wissenschaftlicher Bedeutung; dieser Unterschied begegnet dem Forscher bei jeder Wendung, die er zur Aufklärung der Natur und Thätigkeit der Banknoten macht.

Aber anders ist es mit der Anwendung des Wortes Geld in Bezug auf das Obige. Jeder, der Interesse für die politische Oekonomie im Herzen trägt, und sich zu hüten wünscht vor den nachtheiligen Folgen ungesunden Geldes, ist verpflichtet, gegen solch einen Missbrauch der Sprache Verwahrung einzulegen. Die Abkürzungen und das Rothwälsch der Effektenbörse und der Banken verderben unaufhörlich die Vorstellungen vom Gelde; Sprachverwirrung veranlasst immer Verwirrung der Gedanken.

Untersuchen wir jetzt, wie es zugeht, dass eine Banknote im Stande ist, als Geld zu fungiren. Münze händigt dem Verkäufer eine Waare ein, die eben so werthvoll ist, als die hingegebene eigene Sache. Der marktgängige Werth des Münzmetalls giebt ihm die vertrauenswürdige Sicherheit, dass er mit demselben im Stande sein wird, in irgend welchem Laden eine andere Waare zu kaufen, welche eben so viel werth ist, als die von ihm abgegebene. In der Sicherheit liegt das Wesen des Tauschmittels: worin besteht aber die durch eine Banknote gewährleistete Sicherheit? Die Antwort gründet sich auf einen thatsächlichen Vorgang. Die Erfahrung lehrt, dass es Leute giebt, die bereit sind, auf Credit zu verkaufen — das heisst gegen verschobene Zahlung; denn das ist die Bedeutung von Credit. Sie verlassen sich auf das Gesetz, welches die Schuldner zur Zahlungsleistung am Fälligkeitstermine zwingt; wenn es nun, wie in unzivilisirten Ländern, kein Gesetz giebt, auf welches sie sich stützen können, so werden sie nicht auf Credit verkaufen. Der Credit erreicht demnächst mit Zunahme der Civilisation eine höhere Stufe; ein Verkäufer wird seine Güter nicht allein im Vertrauen auf den guten Willen des Käufers abgeben wollen, sondern er wird auch geneigt sein, eine Forderung desselben in Zahlung zu nehmen. Das ist das Wesentliche in der Wirksamkeit der Banknote. Solch eine Note drückt das Anerkenntniss aus, dass der Ausgeber den darauf gedruckten Geldbetrag dem Noteninhaber schuldet. Ein Verkäufer, welcher die Banknote nimmt, macht sich selbst zum Gläubiger der Regierung oder Bank und ist bereit, sich von einem Substanztheile seines Eigenthums zu Gunsten des Staats oder einer Bank zu trennen. Er findet in dieser jetzt ihm zuständigen Schuld des Ausgebers der Banknote eine genügende Sicherheit, dass sie im Stande ist, andere Güter zu kaufen. Diese Sicherheit genügt auch allen anderen Verkäufern in der Stadt. Die Münze findet ihre Gewähr im Werthe, nicht in ihren physikalischen Eigenschaften; den gleichen Werth pflegt man allgemein einer guten Schuld beizulegen, daher sie denn ihren Dienst so gut wie Münze leistet. Jeder Käufer mit einer Banknote in der Hand sagt gerade heraus: „Ich habe kein Geld; gieb mir Güter und ich will einen sicheren Mann, der mir Geld schuldet, anweisen, statt an mich an Dich zu zahlen.“ Darin besteht die Thätigkeit einer Banknote und eines Check. Damit ist dem Verkäufer genügt. Er bedarf nicht der Münze um der Münze, sondern um ihres Werthes willen, und eine gute Forderung hat den gleichen Werth. Das Geld von Papier hat einige besondere Vortheile; es ist leicht zu transportiren und weit leichter in Sicherheit zu bringen als Münze, weil es mit Hülfe der darauf gedruckten Zahl eine beträchtliche Sicherheit gegen Diebstahl bietet.

So eine Banknote ist ein vortreffliches Tauschmittel, aber entschieden nur unter der Bedingung, dass sie eben so zuverlässig im Werthe, wie Münzmetall ist. In demselben Augenblicke, wo die Note unfähig wird, das auf ihrer Vorderseite bezeichnete Goldquantum zu verschaffen, weil der Schuldner als zahlungsunfähig anzusehen ist, sinkt sie zu einem blossen Stück Papier herab. Der Inhaber ist nun ausser Stande, mit ihr zu kaufen: er muss sie verwahren als eine faule Schuld, mit der er versuchen mag, wie viel sie ihm schliesslich eintragen wird.

Ein fernerer sehr bedeutender Vorzug papiernen Geldes vor Münze ist folgender: Es vereinigt eine vergleichungsweise Billigkeit mit einer ebenso grossen Zweckmässigkeit. Zwanzig Shillinge englischen Vermögens-Werthes müssen einem ausländischen Bergmanne für die Beschaffung eines Sovereigns entrichtet werden; eine Banknote kostet noch nicht sechs Pence. Dieser Gewinn für England, diese Ersparniss an Ausgaben für das unentbehrliche Tauschwerkzeug erstreckt sich auf jede in Umlauf befindliche Banknote; es ist einleuchtend, wie gross das Kapital ist, welches auf diese Weise bis zur Deckung des Bedarfs an passenden Werkzeugen gewonnen und für die Unterhaltung der englischen Industrie erübrigt wird.

Wir kommen nun zu der wichtigen und vielbesprochenen Frage, welchem Umstande diese papiernen Tauschwerkzeuge ihre Entstehung verdanken. Check und Wechsel besitzen einen eigenthümlichen Charakter; sie finden ihren Ursprung und ihr Ziel in einzelnen Geschäften; es werden einzelne Güter mit ihnen gehandelt; der Banquier bezahlt den Check, der Acceptant den Wechsel, worauf beide, Check und Wechsel, verschwinden. Der Ursprung der Banknote ist nicht so klar. Angenommen einmal, sie wäre von einer Bank ausgegeben, wie ist es der Bank möglich geworden, sie in Umlauf zu setzen? Sie hat sie zur Zahlung von Schulden verwandt. Es schuldet eine Bank ihren Depositengläubigern Geld; wenn diese es herausziehen, so sind sie im Grossen Ganzen bereit, ziehen es selbst vor, ihr Guthaben in Form von Banknoten zu empfangen. Dasselbe gilt, wenn die Regierung sie ausgiebt. Sie ist Geld schuldig — zum Beispiel zur Zahlung der Zinsen einer Staatsschuld, oder zur Beschaffung von Hülfsgeldern und Vorräthen zu ihrem Bedarf; sie bezahlt mit Noten, welche die wirkliche Zahlung von Münze in nicht zu ferner Zukunft sicherstellen. Gleichwohl beschliesst eine Regierung, wenn sie zur Ausgabe von Noten schreitet, regelmässig ein Gesetz, welches dieselben zu gesetzlicher Währung macht, während Banken ein derartiges Privilegium nicht erhalten, auch nicht in Anspruch nehmen, um ihre Noten cirkulationsfähig zu machen; der Grund dieses Unterschiedes ist klar. Eine Bank kann durch Noten-Inhaber gezwungen werden, das versprochene Geld, bei Vermeidung des Bankerutts, zu zahlen; die Sicherheit, dass eine Regierung unter allen Umständen zahlen wird, ist keineswegs so gross. Es giebt kein Mittel, eine Regierung zur Geldzahlung zu zwingen, wenn sie es vorzieht, zu sagen, sie habe keines, und sie würde bei der Offenkundigkeit dieses Umstandes auf grosse Schwierigkeiten stossen, ihre Contrahenten zur Annahme der Noten an Zahlungsstatt zu bereden. Desshalb ist sie nothgedrungen auf das Privilegium der gesetzlichen Währung (of legal tender), welches ihren Noten durch das Gesetz beigelegt worden ist, zurückgegangen. Ein Contrahent, welcher versichert ist, dass seine eigenen Gläubiger diese Noten in Zahlung nehmen müssen, nimmt keinen Anstand, für sie der Regierung seine Güter in Tausch zu geben; er kann sie an Andere weitergeben, und das ist Alles.

Aber es ist ein sehr wahrer und wichtiger Unterschied zwischen einem Privat-Noten-Ausgeber und einer Regierung. Das einem zahlungsfähigen Banquier für seine Noten gegebene Eigenthum ist der Nation nicht verloren; der Banquier leiht es, wenn er ein guter Banquier ist, an Personen, die es nicht aufbrauchen oder verbringen, sondern es als Capitalanlage verwenden. Das Publikum zahlt genau dasselbe für das Tauschwerkzeug, gleichviel, ob es sich dasselbe aus dem Bergbau oder aus einer Bank beschafft. Aber wenn einem Bergmanne der Gegenwerth gegeben worden ist, so verbraucht er ihn; die Nation erhält unzweifelhaft einen entsprechenden Werth in Gold, aber es ist als Capital, abgesehen von der Arbeit, die es beim Kauf und der Zahlung leistet, verloren. Der von ihm als Werkzeug verrichtete Dienst ist das Einzige, was die Nation von ihm hat. Die nämlichen Dienste werden von der Banknote verrichtet, und doch kostet sie dem Banquier wie der Nation nur sechs Pence. Es bleibt nun unter Zugrundelegung einer Fünf-Pfund-Note ein Werthsobject von £. 4, 19 s. 6 d., welches an die Bergbautreibenden hätte in's Ausland geschickt werden müssen, in England zurück und ist, wenn der Banquier sein Geschäft nicht schlecht betreibt, in der Lage, als ein Theil des productiven National-Vermögens zu arbeiten. Aber die Ausgabe von Seiten der Regierung hat unmittelbar Consumtion im Gefolge; die Regierung verwendet und verzehrt, was sie sich durch ihre Noten verschafft; es findet das keine Verwendung als Capitalanlage. Man kann einer Regierung, welche sich in Besitz des ganzen Papierumlaufs eines Landes setzte, nicht vertrauen, dass sie nicht den damit erzielten Gewinn verbraucht, während in England jedes Pfund der Noten-Ausgabe bei der Bank von England mit Ausnahme der vom Gesetze vorgeschriebenen Gold-Reserve ein für die Güter-Erzeugung arbeitendes Capital ist. Dies Capital wird der Bank von den Inhabern ihrer Banknoten vorgeschossen, und die Bank bringt es in die Hände der Leute, welche es verwenden und bei der Güterproduction zurück erhalten.

Es muss aber die vom Banquier ausgestellte Schuld, um auf gleicher Höhe mit dem Tauschmittel der Münze oder des Geldes (currency) zu stehen, eben so werthvoll wie Münze sein. In dem Metall-Gelde besitzt das Publikum eine bewusste Gewähr — es hält das edle Metall in seinen Händen. Wie kann es sich hinsichtlich des Papier-Geldes einer gleichen Sicherheit überlassen? Wo findet es die wohlbegründete Zuversicht, dass die Schuld gut bleibt, dass der ausgebende Banquier mit Rücksicht auf seine zureichende Zahlungsfähigkeit jeder Zeit in der Lage ist, sie zu bezahlen? Sie liegt in der Einlösbarkeit, das heisst, nicht allein in dem Rechte, für die Note jeden Augenblick Münze zu verlangen, sondern vielmehr in dem Umstande, dass thatsächlich die Münze, wenn verlangt, auch gezahlt werden wird. Wie aber wird denn die Einlösbarkeit sicher gestellt? Es führt das zu der ferneren Frage, wessen Bestimmung es ist, das Papier eines Landes in Umlauf zu setzen — ob der Regierung oder einer oder mehrerer Banken?

Es sind mit Hinweis auf die betreffende Befähigung Beider für die Verrichtung der Ausgabe sehr verschiedene Meinungen vertreten. Von Seiten der Banquiers ist hervorgehoben worden, dass die Banknote, wie ihr Name schon anzeige, historisch nachweisbar ein Erzeugniss der Banken sei. Im Wesentlichen sei sie dasselbe, wie ein Check, eine Anweisung oder die Uebernahme der Zahlung einer Geldsumme seitens einer Bank. Ferner, sie mache ein gewöhnliches kaufmännisches Geschäft aus und habe als solches in vielen Ländern bestanden, auch sei es nicht gerechtfertigt, dass der Staat das Gebiet des Privatlebens beschreite. Die Noten-Circulation von Schottland wird angerufen als ein Beweis der Vortrefflichkeit, welche der Privat-Noten-Ausgabe beiwohnen soll, der Vorzug, den bei den Schotten in der That die Banknoten vor den Sovereigns geniessen — und wo man eine scharfsinnigere und intelligentere Bevölkerung finden könne, als in Schottland?

Die Anhänger der Noten-Ausgabe als eines Staats-Instituts stützen sich auf die Prärogative. Das Geschäft, so behaupten sie, sei wesentlich öffentlicher Natur — die ganze Nation sei dabei betheiligt. Der aus einer, so im Volkskörper wurzelnden Einrichtung erzielte Gewinn müsste passender Weise dem Publikum zu Gute kommen. Lasse man Privat-Noten-Ausgeber nicht zu, so werde doch einer einzelnen Person kein Unrecht zugefügt, indem man dem Staate die Noten-Ausgabe vorbehalte. Das englische Parlament, sagen sie, sei auf Grund dieses Princips im Jahre 1844 gesetzgeberisch vorgegangen; es habe den Grund zur schliesslichen Beseitigung der Privat-Noten-Ausgabe gelegt und eine Regierungs-Behörde mit der ihr künftig allein zustehenden Befugniss errichtet, Banknoten in Umlauf zu setzen.

Mir scheint, dass, wenn die Notenausgabe neusten Ursprungs wäre, es schwer sein würde, dem Argumente entgegenzutreten, wonach die Vortheile eines Geschäfts, welches die ganze Bevölkerung betrifft, auch dem Volke gebühren. Die Banknotenausgabestellen sind an den Ort gebunden. Der Geldumlauf aber, bei dem die ganze Gesellschaft betheiligt ist, nimmt einen höheren Rang ein, so dass selbst, wenn dafür die Thätigkeit der Banken in Anspruch genommen würde, ein Antheil am Gewinne billiger Weise dem Staate verbleiben müsste. Der Anspruch der Banken auf ungestörten Verkehr mit Checks ist unbestritten — sie beruhen auf persönlichen Beziehungen Einzelner zu jenen. Die Erledigung der Frage wird sich regelmässig nach den zeitlichen und örtlichen Verhältnissen zu richten haben; locale Gründe mögen jeweilig für die eine oder andere der Parteien in die Wagschale fallen. In England haben Privatbanken selbst den Beweis geliefert, dass sie schlechte und unsichere Verwalter bei Ausgabe öffentlicher Umlaufsmittel sind. Das Gesetz von 1844 hat sie kluger und gerechter Weise durch Ausgabestellen ersetzt, die der Staat kontrollirt. In Schottland hat die Privatnotenausgabe eine unbestreitbar zuverlässige Probe bestanden; wenig Leute, nicht etwa vom Fache, würden es sich einfallen lassen, sie zu Gunsten von Staatsnoten zu unterdrücken, es sei denn unter dem Einflusse zwingender Nothwendigkeit. In Amerika gilt völlige Freiheit der Ausgabe. Regierung und Banken besorgen sie gemeinsam. — Wenn man sich aber endgültig für die stete Einlösbarkeit aller Noten entschieden hat, so muss dafür ein bestimmtes Princip gefunden und in Ausführung gebracht werden. Es ist das eine Sache von grosser Bedeutung.

Eine direkte Ausgabe durch die Regierung scheint mir eine nicht unbedenkliche Einrichtung zur Handhabung des Banknotenverkehrs (of a paper currency) zu sein. Es fehlt dabei an der Hauptsache, dass sich mit durchaus zuverlässiger Sicherheit die Einlösung der Noten erwarten lässt. Eine Staatsregierung kann gesetzlich nicht für zahlungsunfähig erklärt werden. Ein Präsident der Vereinigten Staaten oder ein Premier-Minister Englands kann nicht in Haft genommen werden, wenn auch eine Menge ihrer gleichgestellten Landsleute durch Staats-Bankrutt ruinirt worden sind. „Kein Gold mehr in der Kasse," würde man dem Vorzeiger einer Note antworten, welche der Bank von England ihren Platz im Concurs-Gerichtshofe anweisen würde; wie viel Unannehmlichkeiten müsste es einer einzelnen Behörde machen, die amtlich damit betraut wäre, den Papier-Umlauf zu handhaben? Es darf deshalb die Verantwortlichkeit für Erhaltung der Einlösbarkeit nicht in die Hände von Staatsmännern, wie es in die einer Privat-Gesellschaft zulässig ist, gelegt werden. Sie sind weder persönlich noch in Ansehung ihres Vermögens haftbar. Sie können immer ihre Weigerung der Goldzahlung mit Gründen belegen, „der Staat erkennt die Schuld an und sie sollen ja doch bezahlt werden, aber sie müssen noch eine Weile warten." Und was hat diese Ausrede zur Folge? Dass in demselben Augenblicke das Geld der Nation schlecht wird, dass alsbald alle Werthe in Banknoten ausgedrückt werden, dass die Hauptaufgabe des Geldes, Jedem, der es empfängt, Sicherheit zu gewähren — damit er im Stande ist, mit ihm ebenso werthvolle Güter zu kaufen, als die, welche er verkauft hat — verloren geht, dass Jedermann in Ansehung des Werthes des Papiergeldes in Ver-

-legenheit ist, wenn er es beim Verkaufe auf Credit in sein Rechnungsbuch eintragen soll, dass überhaupt der ganze Verkehr eines Landes mit Unsicherheit und Verwirrung vergiftet wird. Staatsmännern und vor Allen Steuerzahlern darf man nicht das Vertrauen schenken, dass sie die Probe bestehen werden gegenüber der Versuchung, sich gleichgültig gegen die Verschlechterung des Geldes zu verhalten, wenn ihnen dies allein in der Stunde der Noth helfen kann. Blos metallische Umlaufsmittel würden für sie keine Hülfsquelle sein; dagegen ist es für eine Regierung leicht und einladend, Eigenthum mit Papier zu erwerben, und sie kann stets nach Belieben ihre Nothlage vorschützen. Es ist daraus zu schliessen, dass eine Staatsbehörde zur unmittelbaren Ausgabe von Banknoten übel angebracht ist, und es würde jede Nation gut daran thun, nicht in solch eine Schlinge zu fallen.

Aber eine Regierung mag indirekt Einwirkung üben und einen Antheil an dem Gewinnne einer Verrichtung fordern, die Niemand unbedenklich als sein ausschliessliches Eigen in Anspruch nehmen kann, und welche natürlich dem in allen öffentlichen Angelegenheiten machtvollkommenen Staate zufällt. Banken sind die einzigen Institute, mit denen er wegen Verrichtung dieses Dienstes in Verhandlung treten kann; denn nur Banken können die Fonds handhaben und verwenden, welche sie im Austausche gegen Banknoten erhalten haben. Bei solcher Einrichtung gewinnt die Nation die ganze Kosten-Differenz zwischen den beiden Werkzeugen des Goldes und Papiers. Der Werth, welchen man bei Nutzung des Papiers mittelst einer Bank zur Vermittelung des Tausches erspart, bleibt als Kapital im Lande, indem es sich selbst fortdauernd in den vom ihm erzeugten Produkten neu gebiert. Hier wird es klar, wie und bis zu welcher Grenze die Ausgabe einlöslicher Banknoten Handel und Verkehr fördern und den Kaufleuten Mittel bieten kann, um ihre Operationen damit auszuführen. Das zu diesem Zwecke durch die Papier-Ausgabe gesammelte Kapital besteht aus den vom Publikum vorgeschossenen Zahlungen, indem es diese Noten handelt. Ich sage, handelt, denn Banknoten werden vom Publikum ebenso wohl gekauft und bezahlt, als wie Zucker oder Korn oder Gold, welches man, aber auch gegen Noten, von den Bergleuten einhandeln muss. Eine Ausgabe-Bank schiesst diese Fonds, wenn es nicht im Widerspruche mit der Bestimmung ihres Geschäftes steht, ihren Kunden darlehensweise vor, oder — weit gewöhnlicher und zweckmässiger — gegen Discontirung kaufmännischer Wechsel. Mittelst dieses durch die Discontirung erhaltenen Zuwachses an werbender Kraft kann der Kaufmann kaufen, während diejenigen, welche verkaufen, gleichfalls Vortheil davon haben.

Das heisst in Wahrheit das Eigenthum nutzbar machen, welches fortgegangen sein würde, um Gold einzuhandeln, und welches nun der Nation durch Substitution von Papier als einem Kapitale in ächtem begriffsmässig politisch-ökonomischen Sinne erspart wird. Es ist Vermögen zur Erzeugung neuen Vermögens verwandt. Aber es hat dieser Vortheil eine Grenze: er kann nicht das Kapital übersteigen, welches das Publikum durch Kauf der Banknoten zur Verfügung der ausgebenden Banken stellt. Das Publikum, welches Banknoten benutzt, zahlt den Banquiers eben so viel, als es sonst dem Bergbau gezahlt haben würde; Noten und Münze sind beide auf gleiche Weise erkauft; aber das für die Noten hingegebene Eigenthum ist durch die Thätigkeit der Banken in Hände gelegt, welche es als Kapital in der Industrie nutzbar machen, und so trägt es zum Unterhalt und Reichthum einer Nation bei, dem noch der durch das substituirte Papier als Umlaufsmittel geleistete Dienst hinzuzurechnen ist.

Es entsteht nun die Frage, ist eine Bank zur Ausgabe von Banknoten ohne Kontrolle einzig unter der Verbindlichkeit, sie auf Erfordern zu bezahlen, befugt, oder hat der Staat Veranlassung, Sicherheit zu verlangen, dass das Geld zur Einlösung, wenn es gefordert wird, auch vorhanden ist?

Bei einem Wechsel oder einer anderen Schuld soll sich der Staat nicht mit völliger Kontraktsfreiheit in Widerspruch setzen. Er braucht einem Schuldner nicht zu sagen, dass, wenn er borgt, er ein bestimmtes Werthsobjekt, welches geeignet ist, den Gläubiger sicher zu stellen, verpfänden muss. Ist denn nicht die uneingeschränkte Haftbarkeit des Banquiers mit seinem ganzen Vermögen auch ausreichend für seine Banknoten? Es war vor nicht langer Zeit allgemein Regel in England, Banknoten einzig auf diese Haftbarkeit hin auszugeben. Der Umlauf der Englischen Provinzial-Banknoten ruht so wenig, wie der der Schottischen und Irländischen auf einer anderen Grundlage. Niemand ist verbunden, die Banknoten eines Banquiers in der Provinz oder eines Schottländers anzunehmen; aber, wenn er es thut, so gewährt ihm das Gesetz keine andere Hülfe, als es bei jeder anderen Schuld thut. Es wird den Schuldner zwingen, mit seinen Mitteln Zahlung zu leisten; aber es trägt nicht Sorge, dass dieser überhaupt Vermögen hat. Worauf würde sich also die Ausnahme bei Banknoten gründen lassen? Wozu sollte er sich zur Sicherstellung ihrer Zahlung um die erforderlichen Mittel kümmern? Auf ein Princip, auf Grund dessen Staatliche Einmischung jederzeit ausgeübt und gerechtfertigt worden ist. Es besteht darin: dass, wenn das Publikum nach Lage der Sache nicht im Stande ist, sich selbst zu helfen, dem Staate die Verpflichtung erwächst, ihm im Wege der Special-Gesetzgebung zu Hülfe zu kommen. Das ist zum Beispiel der Fall bei der Fabrikation der Geschütz-Läufe, beim Transport und Lagern von Schiesspulver, bei Haltung von Passagier-Schiffen, beim Schlagen der Münze, beim Befrachten der Schiffe und bei anderen ähnlichen Gelegenheiten, wo das Gesetz mit einschränkenden, bisweilen sogar mit Prohibitiv-Maassregeln einschreitet und Niemand das Zulässige solchen Vorgehens bestreitet. Die Ausgabe von Banknoten fällt unter diesen Gesichtspunkt: das Publikum ist nicht in der Verfassung, jene Sicherheit zu erzwingen, welche dem allgemeinen Besten Noth thut. Das Gesetz gewährt eine solche Hülfe nicht Jemandem, der Vermögen bei einem Banquier hinterlegt oder der einen Wechsel oder einen Check in Zahlung genommen hat. Es sind das Vornahmen, die Jedermanns Sache sind; der Empfänger oder Hinterleger weiss sehr wohl, dass er die Ehrenhaftigkeit und Sicherheit desjenigen im Auge haben muss, dem er kreditirt. Anders aber ist es mit einem Laden-Kaufmanne, dem Banknoten angeboten werden, die allgemein in der ganzen Stadt umlaufen, und noch mehr bei einer Person, die mit einer kleinen Banknote bezahlt wird. Sie unterliegt doppeltem Zwange, dieselbe zu nehmen. Wenn der Laden-Kaufmann, indem er die Annahme gewöhnlicher Umlaufsmittel ablehnt, Störung verursacht, so läuft er Gefahr, seine Kunden zu verlieren, indem sie sich einem anderen Laden oder Magazine zuwenden. Banknoten circuliren weit und breit unter Armen und Ungebildeten, und wenn die Bank zusammen bricht, so ist der Verlust schmerzlich und unheilvoll. Diese Umstände geben dem Staate die weiteste Vollmacht, von den Notenbanken nicht allein zu fordern, dass sie ihre Schulden bis auf den letzten Pfennig ihres Vermögens bezahlen, wie jede andere Person, sondern dass sie auch Sicherheit in solchem Umfange bestellen, als für die Zahlung der in der Note anerkannten Schuld erforderlich ist.

Eine Gewähr für die Einlösung der Noten kann man auf verschiedenem Wege erhalten, aber keine scheint so natürlich und einfach als die Hinterlegung von Staats-Effecten bei einer staatlichen Behörde. Sie vereinigt zwei Vortheile — Sicherheit sowie einen natürlichen und bequemen Vortheil für den Banquier aus den Interessen, welche die Obligationen (bonds) und Antheilscheine (stocks) bringen. Die alte Schatzanweisung der Englischen Regierung war ein ausgezeichnetes Muster dieser Art von Sicherheit. Es konnten mit ihr stets die Steuern bezahlt werden, sie brachte tägliche Zinsen und genoss mit vollem Rechte in der ganzen Gesellschaft das allgemeinste Vertrauen. England hat sich mit dieser hier im Principe erörterten Frage in der Bank-Charter-Acte von 1844 auseinandergesetzt; aber da dieses Gesetz eine besondere Erörterung nöthig macht, so ist es das Beste, dasselbe an dieser Stelle nicht zu behandeln.

Und nun kommen wir zu der wirklich häklen Frage — in welcher Zahl sollen einlösliche Banknoten umlaufen? Sie dient als Kreuzverhör, um die Gesundheit einer jeden Geld-Theorie zu prüfen. Alle Diejenigen, welche über die Theorie der Umlaufsmittel sprechen oder schreiben, sind verbunden, diese Frage reiflich in ihrem Geiste zu überdenken und sich nicht eher zufrieden zu geben, als bis sie sich eine endgültige und richtige Antwort gebildet haben.

Mr. Tooke hat die richtige Antwort getroffen. Mr. Mill, wenn auch etwas schwankend, hatte eine klare Vorstellung davon; aber im Allgemeinen ist die Litteratur auf dem Gebiete der Geld-Theorie mit der einschlagenden Thatsache völlig unbekannt. Die Antwort ist die nämliche, wie sie schon bei der entsprechenden Frage in Bezug auf Münze gegeben worden ist. Soviel Banknoten, als das Publikum ein erkennbares Bedürfniss an Circulationsmitteln hat und nicht mehr. Es ist das für alle im Verkehr befindlichen Waaren geltende Gesetz, das Gesetz von Nachfrage und Angebot. Weder die Banquiers noch das Parlament noch die Suspension der Bankakte, noch die Noth der Schuldner, sondern das Bedürfniss und Behagen des Publikums, seine Bereitwilligkeit Banknoten zu nehmen, die Zahl und Höhe der eigentlichen, mit Banknoten zu leistenden Zahlungen, können unter Berücksichtigung eines gewissen Bestandes, wie man ihn bei allen Verkehrsgegenständen gewohnt ist, das Maass angeben, wie viel einlösliche Banknoten in Umlauf bleiben und nicht zur Bank gegen Baarzahlung zurückfliessen. Das ist die Wahrheit aller Wahrheiten bei einem einlöslichen papiernen Umlaufsmittel (paper currency). Es ist das so augenscheinlich eine Folge des Umstandes, dass Banknoten

Werkzeuge sind, und dass ihre Menge nach der eigenthümlichen Arbeit bestimmt werden muss, die ihnen obliegt, dass es fast eine Flachheit scheint, das auszusprechen; dennoch verschliesst die ganze Reihe der Händler und Schreiber, welche in Geld machen, die Augen vor dieser offenbaren Wahrheit. Sie glauben z. B. alle, dass man durch die Freigabe der Noten-Emission der Bank von England unter Suspendirung der Acte von 1844 jedem beliebigen Notenbetrage die Eigenschaft beilegen könne, mit Erfolg verausgabt zu werden. Sie lehnen es ab, ihren Blick zu erweitern und zu lernen.

Ein unnatürliches Anschwellen der auf Sicht zahlbaren Banknoten ist eine völlige Ungereimtheit, nicht mehr und nicht weniger als Unsinn. Es würde einen eben so guten Sinn geben, vom Anschwellen der Hut-Circulation zu reden. Es ist für einen Hutmacher leicht, mehr Hüte zu machen, als verkauft werden können; aber wo würde in diesem Falle das Anschwellen der Fluth sich zeigen? Etwa in der Zahl der in der Stadt umherlaufenden Hüte? — darin, dass jeder Mann ein Dutzend Hüte in seinem Hause hat? Eine ernstliche Frage dieser Art ist kindisch; es würde eine Fluth von Hüten da sein, aber man würde sie in den Läden der Hutmacher finden, nicht in der Zahl der umlaufenden Hüte. Es soll mal einer sich selbst fragen, wie er es anfangen soll, sein eigenes Bedürfniss an Banknoten über Maass zu befriedigen? Wie soll einer dazu kommen, Banknoten, für die er keine Verwendung hat, im Pulte oder der Lade festzuhalten? Er kann mit ihnen kaufen, lautet allerseits die Antwort; aber wenn er schon genug Werkzeug in den Checks, Wechseln und dem gewöhnlichen Vorrathe an Noten, wie er seinem Kaufbedürfnisse entspricht, besitzt, wie kann er da noch mehr nöthig haben? Wahr, das ist zuzugeben; aber ein Banquier kann sie Jemandem borgen, der kein Geld hat, und dieser kann damit kaufen oder seinen eingegangenen Verbindlichkeiten am Fälligkeitstage nachkommen. Gewiss ohne Zweifel; aber zum Unglück für den Banquier hat jener, dem der Darlehnsnehmer zahlt, soviel Noten im Besitze, als sein Geschäft erfordert; er schickt nun den auf ihn einströmenden Ueberfluss entweder selbst, oder auf einem Umwege durch seinen Banquier an die ausgebende Bank, welche findet, dass sie zu eigenen Lasten, nicht auf Banknoten, welche ausserhalb in Circulation bleiben, sondern auf die Fonds entlehnt hat, mit denen sie diesen Ueberfluss an geborgten Noten, welche gleich an sie zur Zahlung zurückströmen, einzulösen hat. Und so im erwähnten Falle, also in einer Zeit der Krisis nehmen die Borger ihre Darlehne nicht in Banknoten an; sie erhalten von der ausleihenden Bank die Bewilligung, auf sie Checks zu ziehen, welche im Clearing-House ohne Betheiligung von baarem Gelde verrechnet werden. Die Bank von England ist nie so thöricht gewesen, zu einem bestimmten Borger zu sagen: „Sie sollen Hülfe finden, aber Sie müssen sie lediglich in Noten annehmen"; dennoch würde sie diese Sprache geführt haben, wenn sie geglaubt hätte, dass durch Eintritt neuer Banknoten in den Verkehr ihr Ausleihe-Vermögen einen Zuschuss erführe. Sie weiss sehr wohl, dass die Noten zu ihr in wenig Stunden als Zahlung zurückkehren würden. Diejenigen, welche die Banknoten von den Personen empfangen haben, denen die Bank sie geliehen hat, würden sie auf einmal entweder unmittelbar bei der Bank von England zur Gutschrift in ihren Rechnungen unterbringen, oder bei ihren eigenen Banquiers, die sie mangels Bedarf wieder zur Gutschrift an die Bank gelangen lassen würden. Sie würden dann Checks auf die Bank ziehen, sei es zur Vermittelung von Käufen, oder zur Zahlungsleistung; und der endliche Erfolg würde der sein, dass die Bank ihre Banknoten zurückerworben hätte, aber es würde ihr obliegen, diese Checks aus ihren anderen Hülfsquellen zu bestreiten. Ein Zwang für den Darlehnssucher, das Darleben in Banknoten anzunehmen, würde der Bank keinen Vortheil gebracht haben; sie würde einfach ein Darlehen gemacht haben, gerade so, als wenn diese Banknoten nie dagewesen wären. Unmöglich kann der Notenausgeber seinen Hülfsquellen und Machtmitteln, mit einlöslichen Noten Darlehnsgeschäfte zu machen, etwas hinzufügen, es sei denn innerhalb der Grenzen, bis zu welchen das Publikum sie in Cirkulation behalten und ihm nicht zur Zahlung präsentiren will.

Ein Cirkular der Handelskammer spricht sich darüber so aus: „Die Menge der Banknoten künstlich einzuschränken, bedeutet ein Ersticken des Handelsverkehrs. Eine unnatürliche Einschränkung ihres Umlaufs erhöht die Preise. Das Ziehen enger Grenzen bei Ausgabe der Noten erhöht den Zinsfuss, der von den Banquiers bei Diskontirung kaufmännischer Wechsel zur Anwendung gebracht wird.“ Das sind die gängigen Anschauungen der Kaufleute; aber aus welcher Quelle schöpfen sie diese schönen Ideeen? Nicht aus der Wissenschaft, noch aus der Zerlegung thatsächlicher Verhältnisse, welche sie anrufen, diese Praktiker im eigentlichen Sinne des Wortes; es müssen ursprüngliche Wahrheiten sein, die im kaufmännischen Geiste durch unmittelbare Anschauung tagen und in ihrem eigenen hellen Lichte erglänzen. Diese Sprache schliesst mancherlei leere Annahmen ein und viel Unwissenheit dazu. Wie kann das Bedürfniss nach Banknoten den Handel ersticken? Der Handel besteht im Austausche der Güter; die Banknote ist eines seiner Hülfsmittel; aber sie gewährt keine Zunahme des Reichthums oder werbender Kraft, sie ist nur ein Stück Papier; ihr Thun besteht einzig darin, dass sie dem Banquier werbende Kraft giebt, welche er einem Darlehnssucher leihen kann. Aber wo soll der Banquier diese werbende Kraft hernehmen? Sicherlich nicht aus seinen eigenen Hülfsquellen; er erhält sie vom Publikum. Die wahre Natur der thatsächlichen Noten-Ausgabe besteht darin, dass der Banquier zuerst Eigenthum oder doch Dispositionsbefugniss über solches von einem Theile des Publikums, seinen Depositengläubigern, erhalten hat. Er befriedigt sie dann mit Noten und behält ihr Eigenthum; mit andern

Worten, er giebt eine andere Schuld, welche von ihm an die Noteninhaber geschuldet wird, auf Depositen in Zahlung — er bezahlt eine Schuld mit einer anderen — und es ist der Noten-Inhaber, welcher den Banquier in Stand setzt, dem Anspruche seines Hinterlegers Genüge zu thun und dessen Eigenthum zurückzubehalten. Der Noten-Inhaber ist unter Vermittelung der Bank der eigentliche Darleiher für denjenigen, welcher Geldhülfe in Anspruch nimmt und von der Bank leiht. Aber da handelt es sich bei alledem nicht um ein Wachsen der werbenden Kraft; nicht ein Theilchen an Werth oder Darlehnsfähigkeit wird dadurch hervorgebracht. Banknoten üben nur eine vermittelnde Wirkung. Ihre Thätigkeit besteht darin, dass sie den Noteninhaber veranlassen, seine Ersparnisse auszuleihen, nicht ihn selbst unmittelbar, aber doch durch die vermittelnde Thätigkeit einer Bank, und zwar an Jemand, der sie zu borgen und zu nutzen wünscht. Beseitigte man die Noten, so würde doch der Reichthum Englands derselbe bleiben. Diejenigen, welche sie einlösten, würden denselben Werth zu ihrer Verfügung behalten, dieselbe Darlehnsfähigkeit; es würde nur das Ausleihen mittelst Checks statt Banknoten oder durch unmittelbares Darleihen an die Schuldner geschehen. Der Handel wird durch Noten nicht gelähmt oder geschädigt; sie dienen lediglich dem Austausche der Güter als ein bequemes Werkzeug, aber nicht zum Wachsthum des Vermögens, sofern man davon absieht, dass innerhalb gewisser Grenzen Münze aus ausländischem Bergbau bezogen werden müsste.

Zunächst sagt man, dass eine eingezwängte Cirkulation die Preise erhöht; wo ist ein sichtbarer Anhalt, wo ein tieferer Grund, auf die sich dieser beliebte Satz stützt? Sicher einlösliche Banknoten stehen im Werthe dem Golde gleich; die geringste Werthabweichung zwischen beiden würde sofort die Banknoten dem Ausgeber gegen Gold zuführen. Was sich auch bei einlöslichen Noten zutragen mag, Nichts kann ihren Werth beeinflussen; es muss der Werth des Goldes steigen oder fallen, bevor die Noten eine Einwirkung erfahren können. In der That mögen Banknoten als Zettel angesehen werden, die den Inhaber berechtigen, das entsprechende Gold aus dem Gewölbe zu erhalten, wann es ihm beliebt. Eine Notenausgabe in geringerem Umfange, als das Publikum verwenden und in Umlauf setzen kann, verursacht wirklich eine nur unbedeutende Ungelegenheit; Checks und Wechsel würden mehr ausgegeben werden, und das würde Alles sein. Ein wenig mehr Goldmünze würde vielleicht Verwendung finden; aber das Mehr würde unbedeutend sein und der Werth des Goldes wird ja nicht in England, sondern durch ganz Europa regulirt, ja besser noch in der ganzen Welt.

Und weiter heisst es: „Den Banknoten engere Grenzen ziehen, bedeutet eine Erhöhung des Zinsfusses.“ Aber wie? Kein Zweifel, es kommt der Banquier durch die Notenausgabe in die Lage, seinen Kunden mehr zu leihen; er kann in weiterem Umfange denen, die ihm kaufmännische Wechsel bringen, diskontiren. Aber die Fonds, welche er auf diese Weise zum Ausleihen erhält, erwirbt er vom Publikum. Seine Noten befähigen ihn, mehr auszuleihen, aber was er ausleiht, ist vom Publikum vorgeschossen; darin liegt keine Zunahme des Leihkapitals. Der Zinsfuss für Darlehen und Wechselsummen ist von dem ersparten Kapitale abhängig, welches alle die vielen Besitzer im Lande für sich selbst nicht verwenden können, aber bereit sind, es Anderen zu leihen, welche davon in Handel und Industrie Gebrauch machen können. Eine Verminderung der Banknoten kann diese Ersparnisse nicht verkürzen. Sie stellt nur weniger davon zur Disposition der ausgebenden Banquiers. Banknoten sind nur Papier — papierne Werkzeuge — nicht das Eigenthum oder Kapital selbst. Der Zinsfuss kann nicht von mehr oder weniger papiernen Werkzeugen abhängig sein, die in Benutzung sind, sondern von dem zu Darlehen disponiblen Kapitalvermögen. Das Bankwesen mit all seinen Vorrichtungen an Banknoten, Checks, Wechseln und Aehnlichem besteht nur in einer vermittelnden Thätigkeit; das Einzige, was ihm obliegt, ist nicht Erzeugung von Eigenthum, sondern einfach, das Letztere in verschiedene Hände zu bringen. Es giebt nur Einen Fall, in welchem eine Ausgabe von Banknoten auf einen Vermögensvortheil hinweisen möchte, und das ist der Fall auf einem beschränkten Gebiete, zu einer besonderen Zeit und unter bestimmten Verhältnissen, nämlich bei einer auf dem Geldmarkte herrschenden Panik. Ob solch' eine Ausgabe möglich ist, und bejahenden Falls unter welchen Bedingungen, soll im nächsten Kapitel besprochen werden.

Zweite Abtheilung.

Die Bank-Privilegiums-Akte von 1844.

Hier scheint die geeignete Stelle zu sein, um die Art und Weise darzulegen, wie in England die Banknoten-Ausgabe vor sich geht, insbesondere unter den statutarischen Bestimmungen von 1844, welche die Notenausgabe der Bank von England neu geordnet und für die schliessliche Verfassung der Papier-Valuta (paper currency) Englands Bestimmung getroffen haben.

Bevor diese Akte erging, stand es jeder Bank wie jeder Privatperson frei, Banknoten auszustellen. Man stellte nur Eine Bedingung, die ihren Werth gewährleistete. Man verlangte, dass sie einlöslich wären, auf Verlangen zahlbar. Die Nichtzahlung einer Banknote bei Vorzeigung galt als Zahlungseinstellung, und der Ausgeber verfiel sofort den Bankerutt-Gesetzen.

Nie hat es vielleicht ein Gesetz gegeben, dessen Gedanken so heftig und unaufhörlich angegriffen worden sind und noch angegriffen werden, als die Bank-Privilegiums-Akte von 1844. Niemand hat sie der Dunkelheit im Ausdrucke beschuldigt: ihre Bestimmungen sind sehr einfach, leicht verständlich und eben so leicht in der Ausführung. Niemand hat in Frage gestellt, welche ihrer Bestimmungen Gesetzeskraft haben und welche nicht: dennoch ist die Bedeutung des Statuts, welche Wirkungen seine Bestimmungen haben oder nicht, ob es sich als eine Umwälzung des Bestehenden oder als ein wohlthätiges Gesetz erweist, Gegenstand der verschiedensten und bittersten Auslegung geworden. Es ist als das zerstörende, oder als das erhaltende Princip des Handels betrachtet worden.

Bei Erforschung der Natur dieses Statuts wollen wir der Methode folgen, welche von allen Richtern bei Interpretation einer Parlaments-Akte im Gerichtssaale angenommen ist. Sie nehmen keine Rücksicht auf die von Mitgliedern des gesetzgebenden Körpers gehaltenen Reden. Was diese auch im Auge haben mögen, welchen Sinn sie auch der Maassnahme, für deren Annahme sie auftreten, unterlegen mögen, das bedeutet Nichts, wenn die Worte des Gesetzes klar sind. Der Gerichtshof sieht auf das, was das Statut ausspricht, und auf nichts Anderes: daraus entnimmt der Gerichtshof die Deutung desselben. Wir wollen auf diesen Weg folgen, indem wir jeden Punkt untersuchen, wie er sich eben bietet.

1. Das Gesetz theilt die Bank von England in zwei Abtheilungen, in die der eigentlichen Bankgeschäfte, und die der Notenausgabe. Letztere ist ausschliesslich mit Ausgabe der Noten befasst. Diese Operation wird unter festen, im Statute niedergelegten Regeln ausgeführt — und hier ist als Kardinalpunkt festzuhalten, dass die Korporation, welche man Bank von England nennt, keine Stimme, keine Entscheidung oder Kontrolle bei der Notenausgabe hat. Bei der Abtheilung für Notenausgabe haben die Direktoren der Bank nicht mehr Gewalt oder ein Recht mitzusprechen oder einzugreifen, als irgend eine andere Person im Königreiche. Die Bankabtheilung ist die Bank von England in ihrer reinen und einfachen Gestalt, eben so gut Privatbank wie irgend eine andere Bank des Landes. Als solche, als Privatbank, besitzt sie zwei Vorzüge: einen wirklich grossartigen Kunden

in dem Conto der Regierung, und einen besonderen ihr vom Gesetze verliehenen Vortheil aus den Banknoten.

2. Das Gesetz beschränkt die Menge der Banknoten im Lande, welche von Privatbanken ausgegeben werden, auf die zur Zeit des Inkrafttretens des Gesetzes vorhandene Menge. Wenn eine von diesen Privatbanken die Notenausgabe einstellt, so fallen die auf sie lautenden Banknoten aus und der Betrag der ganzen Privat-Notenausgabe wird fortdauernd um den jedesmaligen Betrag vermindert.

3. Die Bank von England, die sogenannte Privatbank, wird ermächtigt, von der Abtheilung für die Notenausgabe vierzehn Millionen Noten zu empfangen, unter Zuziehung eines bestimmten Antheiles der verfallenen Privatnoten, sobald der Ausfall erfolgt. Zur Zeit beträgt die Gesammtmenge ungefähr fünfzehn Millionen. Diese Banknoten empfängt die Bank von der Abtheilung für Notenausgabe — (welche in der That eine Staatsbehörde ist) — unter der Bedingung, dass sie dem Publikum Gold für dieselben zahlen wird, wann immer sie zur Zahlung vorgezeigt werden. Natürlich kann man diesem Verhältnisse nur die Deutung geben, dass die Bank von England die direkte Notenausgabe bis zur Ausdehnung von fünfzehn Millionen hat, aber es ist weit einfacher und wahrer, die Bank als Empfängerin einer aus bestimmten Gründen beschränkten Zahl von Noten aus der Hand der Staatsbehörde, der sogenannten Abtheilung für Notenausgabe (Issue Department), zu betrachten. Die Bank ist der ferneren Bedingung unterworfen, dass sie diese fünfzehn Millionen in Sicherheiten anlegen muss, von denen sie die Zinsen bezieht. Sie sind zu drei Procent angelegt.

4. Die Noten der Bank von England sind für gesetzliche Währung (legal tender) erklärt, nur nicht in Ansehung der Bank selbst. Die Bank kann ihre Schulden nicht mit Banknoten, als wären sie gesetzliche Währung, bezahlen. Ein jeder ihrer Gläubiger kann ihre Annahme verweigern.

5. Jede Note ist in den Lokalien der Bank von England

zahlbar, theils aus ihren Privatvorräthen, im Uebrigen bei der staatlichen Behörde, der sogenannten Abtheilung für Noten-Ausgabe. Das Gesetz bestimmt ferner, dass alle von der Ausgabe-Abtheilung über den Betrag von fünfzehn Millionen begebenen Noten zur Sicherstellung ihrer Bezahlung durch Hinterlegung von Gold bei der Behörde gedeckt werden sollen. Die ganze Notenmenge zerfällt also in zwei Theile, der eine von jetzt fünfzehn Millionen, welche der Bank von England überwiesen und bei ihr zahlbar sind, der andere von der Ausgabe-Abbtheilung im Austausche gegen Gold begeben, welches ihm vom Publikum zugeführt und beständig im Gewölbe zur Sicherstellung ihrer Einlösung verwahrt wird.

Das sind die hauptsächlichsten Maassnahmen dieses viel besprochenen Statuts — es bleibt nun noch seine praktische Bedeutung festzustellen.

1. Zunächst ist klar, dass es über die Ausgabe von Privatnoten den Stab bricht, um sie in einem Verfahren von längerer oder kürzerer Dauer zu beseitigen. Es wirken aber immer mancherlei Ursachen dazu mit, Privatbanken zur Einstellung ihrer Noten-Ausgabe zu veranlassen; bisweilen sterben die leitenden Theilhaber und die Bank geht ein, oder, wie es unlängst der Fall mit der National-Provincial-Bank Englands war, eine Bank giebt aus freien Stücken die Noten-Ausgabe in der Provinz auf, um das Recht zu erwerben, Bankgeschäfte in London zu betreiben, ein Privilegium, welches den Noten ausgebenden Joint-Stock-Banken durch das Gesetz untersagt ist. Die Absicht des Statuts geht augenscheinlich dahin, dass schliesslich die Noten der Bank von England die einzige Papier-Valuta (paper currency) Englands sein sollen. Diese Absicht ist ferner aus dem Privilegium der gesetzlichen Währung (of legal tender) (die Bank selbst immer ausgenommen) erkennbar, welches ausschliesslich der Bank von England ertheilt ist.

2. Schliesslich sollen die Banknoten, die nicht durch einen wirklichen Vorrath an Gold, Behufs Sicherung ihrer

Einlöslichkeit gedeckt sind, auf den Betrag eingeschränkt sein, der der Bank von England zuwachsen wird, wenn alle jene Privat-Noten-Ausgaben verschwunden sein werden; es soll aber für die Bezahlung und Umwechslung dieser besonderen Noten dadurch Sicherheit gewährt werden, dass sie bis zur Höhe ihres Betrages in den vom Gesetze verordneten Sicherheiten veranlagt werden.

Manche unterstellen, dass die Schuld von vierzehn Millionen, welche die Regierung der Bank zu zahlen hat — eine Annahme, die dem Motive entspricht, welches die Linie zwischen den gedeckten und ungedeckten Noten auf vierzehn Millionen ziehen liess — speciell als Sicherheit für die Zahlung der ungedeckten, von der Bank auf eigene Haftbarkeit ausgegebenen Noten bestimmt ist, so dass für den Fall der Insolvenz der Bank ein besonderes Pfand in Höhe jenes Betrages für die ungedeckten Noten da sein würde; aber es ist äusserst zweifelhaft, ob diese Absicht im Gesetze begründet ist. Dieser Punkt ist nicht entschieden und wird es wahrscheinlich auch nicht werden.

3. Die ungedeckten Noten werden ihrem Betrage nach eingeschränkt. Sie können jetzt fünfzehn Millionen nicht übersteigen. Eine Anzahl Noten über diesen Betrag kann man von der Abtheilung für Noten-Ausgabe erhalten, aber sie müssen gegen Gold gehandelt, und dies Gold muss bei der Behörde unter Verschluss gebracht werden. Eine absolute Beschränkung besteht demnach nicht — das Publikum kann soviel Noten haben, als ihm beliebt; aber es muss alle über fünfzehn Millionen mit Gold bezahlen. Kein Theil der ganzen Ausgabe hat Werth für Leihgeschäfte, mögen sie im Wege des Discontirens mit Kaufleuten oder durch Hingabe von Darlehen oder Vorschüssen gemacht werden. Was die Bank auf jene fünfzehn Millionen vom Publikum empfängt, muss in Sicherheiten angelegt werden; alles darüber für einen höheren Betrag gezahlte Gold muss im Gewölbe der Ausgabe-Abtheilung festgelegt werden.

4. Das bei der Regierungs-Behörde, der Ausgabe-Abtheilung, linterlegte und aufbewahrte Gold gehört in keinerlei Sinne der Bank von England. Es ist kein Theil ihrer Reserve und es ist ein grosses Missverständniss, dass die Verfasser des Gesetzes vôn 1844 den gar zu dummen Fehler gemacht haben sollten, in den wöchentlichen Berichten über die in der Bank befindlichen Barren zwei ganz unähnliche und verschiedene Dinge zu vermischen — das Gold, welches die Behörde zur Sicherstellung der Banknoten aufgespeichert hat, und das der Bank von England gleich einem Banquier gehörige Gold. Das Gold bei der Staatsbehörde unterliegt selbstständigen Vorschriften. Es kommt so zu sagen auf eine selbst wirkende Maschine (automaton) hinaus — so viel mehr Noten ausserhalb, so viel mehr Gold im Behälter oder umgekehrt. Das Ab- und Zufliessen der Noten zeigt an, dass das Publikum weniger oder mehr Noten mit Gold kauft, Nichts mehr. Gegentheils bilden Veränderungen bei den von der Bank-Abtheilung gehaltenen Noten einen wirklichen Wechsel in der Reserve einer Privatbank und würden nur Gegenstand der Berathungen der Bankverwaltung sein, wenn es sich um die Vermögens-Aufstellung der Bank, um den Zinsfuss und andere verwandte Materien handelte.

5. Die Ziffer, welche die auf der Haftbarkeit der Bank beruhende Noten-Ausgabe von derjenigen scheidet, für die thatsächlich Gold aufgespeichert ist, hat grosse Bedeutung. Sie war in der Akte auf vierzehn Millionen festgesetzt, ohne einen tieferen Grund, soviel ich weiss, als dass diese Summe vom Staate der Bank geschuldet wurde, und dass zu jener Zeit die unsichere Meinung herrschte, es sei diese Schuld speciell als Sicherheit für die Noten verhaftet. Im Laufe der Zeit wird mit dem Eingehen der Privat-Noten-Ausgabe jene Ziffer wachsen. Der Punkt von grösster praktischer Bedeutung ist der, die Ziffer festzustellen, bis zu der das Publikum die ausgegebenen Noten behalten und selbst nicht auf der Höhe wirthschaftlicher Krisen zur Zahlung präsen-

tiren wird. Es liegt in der Natur der Sache, dass man sich dieser Grenze nur mehr oder weniger nähern kann, aber das ist eine zuverlässige Thatsache, dass seit Erlass jener Akte das Publikum niemals Baarzahlung für Noten verlangt hat, die hinter jenen folgen, für die die selbstwirkende Maschine der Staatlichen Ausgabe-Abtheilung das Gold in der Hand zur Zahlung bereit hat; nicht eine einzige der ungedeckten Noten, für welche die Bank von England haftbar war, ist präsentirt worden. Es hat seit 1844 nie die geringste Neigung bestanden, die Bank um Zahlung auch nur einer einzigen Note von jenen fünfzehn Millionen zu bestürmen. Zweifellos hat an den Zahltischen der Bank eine beständige Nachfrage nach Gold stattgefunden; aber was hat die Bank zu thun? Sie sendet die Noten der Staatlichen Behörde zu und erhält auf einmal für sie Gold; es ist aber der Vorrath der Ausgabe-Abtheilung niemals erschöpft worden. Die Directoren der Bank von England sind selbst in den schlechtesten Zeiten nicht veranlasst worden, sich einer Besorgniss wegen Beschaffung von Gold zur Notendeckung hinzugeben. So weit also sind diese fünfzehn Millionen erprobt, als wären sie auf einem Felsen gegründet, und sind entweder mit Gold oder mit Sicherheiten gedeckt. So hat sich der Goldumlauf Englands im wahren Sinne des Wortes erwiesen: als einen Goldumlauf für jeden practisch möglichen Bedarf und ein vom Publikum gehandeltes Papiergeld, für welches das Publikum ein fortdauerndes und ununterbrochenes Bedürfniss hat.

6. Endlich ist an dem grossen Grundsatze festgehalten, dass der Gewinn aus der Noten-Ausgabe mit dem Staate wenigstens getheilt und nicht zum ausschliesslichen Vortheil eines Privat-Banquiers wird. Die Bank zahlt neuerlich, wir entnehmen das Mr. Thompson Hankey, £ 200,000 jährlich an die Regierung für die fünfzehn Millionen Noten, welche sie auf eigene Verantwortlichkeit ausgiebt. Ihr eigener Vortheil aus dieser Quelle nach Abzug der Verwaltungskosten

beläuft sich auf ungefähr £ 100,000. So erntet der Staat aus der Noten-Ausgabe einen doppelt so grossen Vortheil, als ihn die Bank bezieht.

Und welches Endurtheil soll man nun über dies vielbestrittene Gesetz abgeben? Mit Rücksicht auf den ihm von seinen Verfassern unterlegten Zweck muss es als ein Fehler bezeichnet werden. Fehlerhaft war es, dass sie das Unmögliche auszuführen suchten. Sie formten es zu einer Maschine, um auf den Betrag des umlaufenden Papiers im Lande einzuwirken, dass es als eine selbstthätige Erfindung für Erweiterung oder Einschränkung der Circulation diene und den Zufluss von Gold nach England nicht minder wie dessen Ebbe ausgleiche. Die Akte war, die Annahme ist nicht ohne Grund, als ein Mittel gegen Abflüsse bestimmt, eine unpractische Vorstellung, die sich auf eine völlige Unkenntniss der Natur und der Gesetze des Umlaufs gründet. Sie hatte vor, den Betrag des Geldes (currency) durch Gesetz zu reguliren. Einer Ueberhäufung würde vorgebeugt sein, denn Noten-Ausgaben, welche mit Gold erkauft werden müssten, könnten nie übermässig sein. So würden wilde Noten-Ausgabe, fortdauernde Speculation und Steigerung der Preise, hohe Diskonten, Abflüsse von Gold, die ausser Landes gehen, und jene üblen Ausgeburten der Paniken, Krisen, Bankerotte und Krache vermieden werden. Alles das sollte durch eine selbstthätige Vorrichtung bewirkt werden, welche ihre bessernde Thätigkeit genau den bestimmten Krankheiten des Geld-Marktes anpassen sollte. Leider kamen diese wundervollen Erfolge niemals zur Erscheinung; sie erwiesen sich lediglich als Träume der Einbildungskraft. Paniken sind seit dem Jahre 1844 gerade so scharf aufgetreten wie früher. Die Schwankungen des Zinsfusses sind gerade so heftig gewesen; speculative Actien-Gesellschaften, auf Credit begonnene Arbeiten — im Dienste der Capital-Zerstörung ausser Stande sie zu vollenden — Erniedrigung und Erhöhung der Aktien und Antheilscheine, Bankerotte und Darniederliegen des Handels, welche zu ihrer Heilung Jahre bedürfen, haben unter dieser künstlich ersonnenen Akte in ihren Ausschreitungen eine bis dahin nicht gekannte Höhe erreicht. Die Bank-Akte war eben so hülflos wie ein kleines Kind, um den Missständen entgegen zu arbeiten, aus dem sehr einfachen Grunde, weil diese Angelegenheiten völlig ausserhalb ihres Bereiches lagen: sie hatte keine Handhabe, um mit ihnen Fühlung zu halten. Ihre Verfasser waren sich nicht bewusst, dass die Menge eines Metalls oder einlöslichen Papiergeldes, welches sich in Umlauf befindet, durch die Zahl jener einzelnen Geschäfte — Kauf und Verkauf einschliesslich natürlich der Bank-Reserven, die dem in Arbeit begriffenen Gelde zuzurechnen sind — bestimmt wird, welche baares Geld erfordern; und dass es das des baaren Geldes, mag es aus Münze oder Banknoten bestehen, bedürftige Publikum ist, welches die Zahl dieser zum Gebrauche bestimmten Tauschwerkzeuge regulirt und nicht das Gesetz, noch die ausgebenden Banken, noch sonst eine andere fremde Kraft oder Gewalt. Das Gesetz mag folglich dem Publikum untersagen, soviele Noten zu halten, als es ohne dasselbe kaufen und verwenden würde; es mag die Akte von 1844 ergänzen und erklären, dass es zehn Millionen Banknoten in England geben soll und nicht mehr. Der Erfolg würde in einer grossen Zunahme der Verwendung von Checks bestehen, was nichts Anderes als die Substitution eines Bankpapiers an die Stelle eines anderen bedeuten würde, oder zu grösserem Ankaufe von Münzmetall im Bergbaue nöthigen, was zu einer Verminderung des National-Vermögens führen würde; aber die Spekulation würde davon unberührt bleiben. Auch war es nicht das, was die Väter des Statuts im Sinne hatten. Sie dachten an eine Maschine, deren Thätigkeit durch die freiwillige Notenverwendung im Publikum vermittelt und so zu einer Controle von Handel und Wandel werden sollte. Aber eine durch das ganze Englische Geschäftsleben gehende riesenhafte Spekulation mit ihren Preissteigerungen und ihren Krachen kann sich vollziehen, ohne auch nur eine einzige Banknote mehr zu erfordern, wenn die Geschäfte gegen Baarzahlung — deren Zahl verhältnissmässig immer gering ist — unverändert geblieben sind. Die Ausgabe-Abtheilung kann keinen Einfluss üben auf Darlehen, Diskont und Zinsfuss, soweit sie nicht die Ziffer, bei der die Hinterlegung von Gold beginnt, herabsetzt. Wenn das Publikum in der Lage wäre, fortdauernd zwanzig Millionen in Umlauf zu haben, ohne jemals eine zur Zahlung zu präsentiren, so verlöre der Darlehns- und Diskonten-Markt jetzt fünf Millionen an Mitteln; aber darin würde ein für alle Male eine fortdauernd sich gleich bleibende Minderung seiner Hilfsquellen liegen, von Einfluss für alle Zeit und ganz ohne Beziehung zu den auf- und abwogenden Schwankungen. Die Nation würde durch den unnöthigen Ankauf von Gold dauernd um so viel ärmer werden. Das würde der einzige Erfolg sein; und das ist der einzige Weg, auf welchem die Ausgabe-Abtheilung mit dem Geldmarkte und dem Zinsfusse in Berührung kommen kann.

Ist nun die Zahl von fünfzehn Millionen die richtige oder ist sie zu niedrig gegriffen? Es ist das eine thatsächliche Frage und Thatsachen werden die Antwort geben. Bei drei verschiedenen Gelegenheiten, im Jahre 1847, 1857 und 1866 wurde das Gesetz suspendirt — das heisst, zeitweise ausser Kraft gesetzt, und die Bank von England hatte die Freiheit, so viel Noten auszugeben, als ihr beliebte, ohne entsprechendes Gold in ihren Gewölben aufgespeichert zu haben. Setzte unter diesen Umständen die Bank, welche ihre uneingeschränkte Freiheit der Noten-Ausgabe wieder erlangt hatte, mehr ungedeckte Noten in Umlauf, als es ohne Suspension zulässig gewesen sein würde? Die Thatsachen antworten, abgesehen von einer unbedeutenden Ausnahme im Jahre 1857, mit nein, und die Antwort ist schlagend und entscheidend. Ausgenommen waren im Jahre 1857 nur £ 800,000, eine für die grosse Krisis unbedeutende Summe. Dieser Ausnahmefall würde nicht eingetreten sein, hätte die Grenzlinie schon damals wie jetzt auf fünfzehn Millionen gestanden. Es ist damit vollkommen bewiesen, dass das Gesetz keine einschränkende Wirkung hat. Es vermindert die Menge der Banknoten nicht um ein einziges Pfund, welche das Publikum sonst erhalten würde, ohne sie mit Gold zu kaufen. Nach erfolgter Suspension zeigten die wöchentlichen Bankausweise fortdauernd an, dass die Menge, welche das Gesetz für die Ausgabe-Abtheilung erfordert haben würde, durchaus auf der freien Thätigkeit des Publikums beruhte. Die Suspendirungen der Akte erwiesen sich somit als bedeutungslos; die einzige Bestimmung des Statuts, welche einschränkend wirken könnte, war das Erforderniss, dass nach den fünfzehn Millionen für die Noten Gold in Zahlung gegeben werden musste; trotz Suspendirung dieser Auflage war doch jedes von der Akte verlangte Pfund Gold in der Bank. Die Suspendirung hatte keinerlei Einfluss, weil mit oder ohne sie die vorgeschriebene Goldmenge in der Bank lagerte.

So verhält es sich mit dem Beweise für die Wirkungslosigkeit der Suspension; dennoch ist das Vertrauen auf ihre Zuträglichkeit weiter verbreitet und in Blüthe, denn je. In der Sprache der Banken und ihrer weisen Rathgeber ist der Geldumlauf (currency) Sache des Gefühls; welcher Widerspruch in den Gefühlen und was an unreifer Theorie unterläuft, bleibt unbeachtet, aber, wer die Bedeutung der Wissenschaft kennt, denkt und spricht anders. Professor Sumner in seinem trefflichen Werke über Amerikanisches Geld (currency) sagt schlecht weg, mit der Unwirksamkeit der Suspendirung sei über den gegen die Akte vom Jahre 1844 gerichteten Angriff, dass sie eine Beschränkung auferlege, entschieden. Aber dem kann nicht so sein, erwidert die City. Wie kann man sagen, dass die Akte nicht beschränkt, wenn alte Banquiers und intelligente Kaufleute, sobald sich der Handel in peinlicher Lage befindet, laut ihre Suspendirung verlangen und erklären, dass sie bei ihr sofortige Erleichterung finden werden? Darauf lautet einfach die Antwort: Zaubermittel bewirken nicht selten die Heilung. Ein Fläschchen mit reinem Wasser, das man für Medicin hält, hat leidenden Patienten oft Linderung verschafft; aber ist es das Wasser oder die Vorstellung, welche heilt? Eine Krisis auf dem Geldmarkte bietet Veranlassung zum Lärmschlagen; eine dumpfe Unsicherheit, — wer zahlungsfähig ist, und wer fallen wird? — setzt jeden Kaufmann und jeden Banquier in Schrecken. Was ist dann natürlicher, als die Ueberzeugung, dass ein Ausströmen von Banknoten in unbeschränkter Zahl die Gefahr zerstreuen wird? Unwissenheit und Einbildung, von Angst getrieben, mögen Wunder wirken. Die einmal eingesogene Vorstellung gibt sofort eine andere Richtung. Wenn der angsterfüllte Deponent oder Gläubiger von der Suspendirung hört, gibt er den Gedanken auf, hinaus zu rennen, um Zahlung zu fordern; der Banquier unter demselben Einflusse blinden Glaubens leiht mit weniger Widerstreben aus. Aber bei diesem Vorgange läuft nichts Thatsächliches unter, es beruht nur auf Einbildung. Ein durch die Einbildungskraft belebtes Nichts kann keine dauernde Hülfe bringen. Horchen wir auf Mr. Patterson, als er von der 1866er Krisis sagt: — „Die Panik war Mittags auf ihrer Höhe. Kurz vor Ein Uhr zeigten die zweiten Ausgaben der Tagesblätter an, dass die Bankakte suspendirt sei. Es stand nun ein heilsamer Umschwung in Aussicht und das Gedränge in den angrenzenden Strassen verminderte sich. Das Gelaufe liess nach; aber die Anzeige war verfrüht. Die Bankakte war nicht suspendirt, noch hatte in der That damals die Regierung der Sache irgend welche Aufmerksamkeit geschenkt. Bei dieser Lage wurde von den Joint-Stock- und Privat-Banken eine Deputation entsendet, um die Regierung vom Stande der Sache in der City zu unterrichten und auf die sofortige Ausserkraftsetzung der Akte von 1844 hinzuwirken. In der City blieben die Geschäftsführer und Direktoren der Banken und anderer Geld-Institute bis nach Mitternacht auf ihrem

Posten, um ängstlich die Hiobs-Posten zu empfangen und die Verkündung der Suspension der Akte zu erwarten. Es wurde Mitternacht, ehe die Verkündung erfolgte. Ihre Wirkung war so heilkräftig, dass am nächsten Tage (Sonnabend) die Krisis vollständig zu Ende war.“ Kann ein Maler besser zeichnen? — Die erschrockene und unwissende Menge, die auf den Engel wartet, der da komme und den Wassern Einhalt gebiete und die sofortige Erleichterung, da er erschien. Aber war das Heilung? Lauschen wir doch den nächstfolgenden Worten des Mr. Patterson: — „Aber als es sich in ein oder zwei Tage klärte, war die Krisis mit Nichten zu Ende.“ Wie konnte sie denn? Die Suspension gab den mit dem Tode ringenden Borgern keine Note mehr, als sie ohne dieselbe gehabt haben würden. Rathlose Bestürzung und gedankenlose Unwissenheit können nicht weiter gehen.

Sieht man von Beschränkung und zeitweiser Ausserkraftsetzung der Bank-Privilegiums-Akte von 1844 ab, so erscheint sie in ihrer ganzen Einfachheit. Sie ist ein gutes Gesetz, nur nicht in dem von ihren Verfassern gemeinten Sinne. Sie gibt der Nation ein völlig geschütztes Papiergeld (paper currency) theils durch das thatsächlich hinterlegte Gold, theils durch die Sicherheiten, in denen die Bank zur Anlage dessen verbunden ist, was sie auf den zuständigen Noten-Betrag empfängt. Die Nation erhält sich fünfzehn Millionen Kapital, welche die Anschaffung metallischer Werkzeuge gekostet haben würden. Die Einflusslosigkeit der Suspension beweist, dass die Akte dem Geldmarkte keinen Schaden zufügt. Die Nation zieht doppelt soviel Vortheil aus der Notenausgabe, wie die Bank. Der Ankauf von fünfzehn Millionen Sicherheiten durch die Bank macht jenen Kapitalsbetrag frei, um an der Produktion des Nationalvermögens Theil zu nehmen. Zwei Verbesserungen würden das Gesetz vollkommen machen. Die Behörde für die Notenausgabe müsste ihren Sitz in Somerset-House oder in

Whitehall haben; die Welt würde dann begreifen, dass der Staat der wahre Ausgeber der Noten ist. Und zweitens würden in den wöchentlichen Berichten die Barren, welche dem Ausgabe-Departement gehören, streng getrennt von den Barren gehalten werden, welche der Bank von England in ihrer Eigenschaft als Privatbanquier gehören.

Es erübrigt noch einen Punkt zu erörtern. Welchen Nennwerth sollen die Noten haben? Es ist in England den kleinen Noten viel Opposition gemacht worden, aber es wurzelt das in Vorurtheilen und nicht in der Wissenschaft. Die Höhe der Noten ist Sache freien Uebereinkommens, eng verbunden mit der wichtigen Rücksicht auf Sicherung gegen Fälschung. Ein-Pfund-Noten sind in Schottland ausserordentlich angebracht; sie werden sogar den Sovereigns vorgezogen. In Oesterreich, Italien und Amerika cirkuliren Noten weit geringeren Betrages als Ein Pfund leicht und mit Erfolg. Man hat von keiner Klage über sie gehört, es sei denn, dass sie gar zu niedrig wären: sie sind dann der Beschmutzung und Beschädigung ausgesetzt und leicht der Fälschung zugänglich. Mit dem Nennwerthe der Noten verhält es sich ähnlich wie mit dem der Checks. Sehr niedrige Checks verursachen den Banken viel Last und Schreiberei; sie sind desshalb unbeliebt. Die Unterdrückung der Ein-Pfund-Noten in England war die Folge der Unwissenheit und blinden Lärmes. Im Jahre 1825 wurden viele Zettelbanken zahlungsunfähig und ihre Ein-Pfund-Noten, welche im Detail-Geschäfte weit zerstreut waren, brachten manchen armen Personen empfindlichen Verlust. Der Nennwerth der Banknoten wurde in Folge dessen auf fünf Pfund eingeschränkt. Es wurde nicht bemerkt, dass der Verlust nicht dem Betrage der Noten entsprungen war, sondern der üblen Eigenschaft des Notenausgebers, und dass der Einwurf gegen alle Noten gerichtet ist, welcher Art sie auch sein mögen, wenn ihre Ausgabe durch so unzuverlässige Vermittelung erfolgt.

Wir dürfen von der Privilegiums-Akte des Jahres 1844

nicht Abschied nehmen, ohne eine merkwürdige Doktrin erwähnt zu haben, welche zu ihr in naher Beziehung steht und von Personen vertreten worden ist, welche den Besitz höchster Autorität in Fragen des Geldes für sich in Anspruch nehmen. Es ist auf diese Doktrin das grösste Gewicht gelegt worden, als drückte sie das Grundprincip aus, welches bestimmt wäre, allen Geldumlauf, welcher eine aus Münzen und einlöslichen Banknoten gemischte Zusammensetzung hat, zu beherrschen. Man hat geglaubt, dass diese Doktrin von denen erdacht worden sei, welche als Rathgeber Sir Robert Peel's angesehen wurden, um als glänzende Offenbarung des grossen Geheimnisses zu gelten, welches einer gemischten Cirkulation Gesundheit verleiht; aber das ist nicht mit Sicherheit zu behaupten. Gleichwohl muss man zugeben, es ist dies Prinzip in übertriebener Weise gefeiert und eifrig ausposaunt worden, und zwar von hochgestellten Persönlichkeiten, durch Schatzkanzler in und ausserhalb des Parlaments, durch Staats-Secretaire, welche daraus Regeln für den Geldumlauf wichtiger Colonien und entfernter Besitzungen abgeleitet und von zahllosen Scribenten, welche sich Autoritäten gleich über Umlaufsmittel (currency) verbreitet haben. Diese Doktrin versichert, dass das aus Münze und Papier gemischte Geld in demselben Betrage umlaufen müsse, als wenn es nur aus Metall bestünde. Wäre die Behauptung dahin gegangen, dass die gemischten Umlaufsmittel mit den metallischen von ganz gleicher Güte sein müssten, so würde das vollkommen verständlich und ohne Frage von Werth gewesen sein. Die Urheber der Bank-Akte durften sich offen rühmen, es praktisch zur Ausführung gebracht zu haben, — dass der Geldumlauf Englands Banknoten besitze, deren Werth eben so gute, so vertrauenswürdige und so gesunde Sicherheit biete, als die daneben umlaufenden Sovereigns. Aber die Menge der gemischten Umlaufsmittel eben so zu bestimmen, als wenn sie nur aus Sovereigns bestünde — das geht in der That, auch wenn es der frühere Lord-Major gesagt haben sollte, über den menschlichen Verstand.

Wir brauchen nicht bei den Fragen zu verweilen — Ein Mal, wie in der Welt Jemand ausfindig machen soll, ob die Banknoten eines gemischten Umlaufs sich höher oder niedriger belaufen, als die Zahl der Sovereigns, welche benutzt sein würden, wenn es keine Banknoten gäbe? Und Zweitens, durch welche Maassnahme, selbst wenn Jemand das Erste herausgefunden hätte, er das Publikum zwingen wollte, zur Beseitigung des Mancos mehr Noten anzunehmen, oder den Ueberschuss abzutreten, den er in seine Hände zu bringen beabsichtigt? Ebensowenig haben wir Veranlassung, die Erfinder dieser Doktrin zur Darlegung ihrer Auffassung von der Natur der Umlaufsmittel aufzufordern, oder wie sie es möglich machen wollen, von Jemandem die Zahl der Sovereigns und Banknoten bestimmen zu lassen, welche das Publikum kaufen and nutzen soll, es wäre denn vom Publikum selbst; es genügt, ihnen die Frage zu stellen, ob sie sich einbilden, dass es möglich sei, das Gesetz der Schwerkraft bei Münze und Noten um ein Haar mehr zu verletzen, als bei irgend welchem anderen Körper? Münze ist schwer, Banknoten sind leicht. Setzt man voraus, dass diese Werkzeuge gleich wirksam, gleich vertrauenswürdig sind, lässt es sich da begreifen, dass das Publikum eben so viel von der schweren, wie von der leichten Sorte benutzen würde? Ist es für irgend Jemanden glaublich, dass, wenn die zwanzig Millionen und mehr Noten der Bank von England allzumal unterdrückt würden, Nachfrage nach eben so viel Sovereigns sein würde, um ihre Stelle zu ersetzen? Täglich tragen Leute Noten fort, die in Beträgen von Tausend, ja Hunderttausend Pfund, besonders für sie ausgestellt werden; würden sie ebenso geneigt sein, die gleiche Menge Sovereigns mitzuführen? Welche Gelegenheit für Diebe — die in die Augen fallenden verführerischen Beutel statt der unsichtbaren Banknoten. Ist es nicht klar, dass die Beseitigung der Noten der Englischen Bank eine ungeheure Zunahme der Checks zur Folge haben würde? Armes Geld (currency)! Die Lehrer solcher Wissenschaft bringen eine handgreifliche Ungereimtheit bei; das Publikum wird doppelt irre geführt und tappt vergebens im Dunklen; die Wortführer bestehen mit ernster Würde darauf, dass sie im Besitze einer Wissenschaft sind, welche für die grosse Menge ein Geheimniss birgt; und die Welt erklärt, dass der Begriff des Geldes (currency) dem menschlichen Verstande unzugänglich sei.

Dritte Abtheilung.

Uneinlösliche Banknoten.

Wir haben nun das Gebiet erreicht, wo Theorie in all ihren Farben schillert: uneinlösliche Banknoten. Grosse Regierungen werfen sich mit Gier auf diese Art der Umlaufsmittel, um durch sie aus dem Verluste der Gesammtheit Gewinn zu ziehen, und dann rechtfertigen sie ihr Handeln, indem sie mittelst willkürlicher und unwissenschaftlicher Behauptungen jeder Art Sand in die Augen des Publikums streuen. Dieser Gegenstand verdient eine gedrängte Erörterung.

1. Eine uneinlösliche Banknote ist ein papiernes Tausch-Werkzeug, welches auf seiner Vorderseite das Anerkenntniss einer Schuldverbindlichkeit trägt, welches Zahlung verspricht, aber keine feste Zahlungszeit bestimmt, und für welches man also die versprochene Münze nicht nach Verlangen erhalten kann. Der erste aufsteigende Gedanke führt zu der Frage: wie kann Jemand für solches Papier freiwillig sein Eigenthum fortgeben? Freilich ist eine einlösliche Banknote auch keine Zahlung, aber es kann die Münze, welche zur Zahlung dient, auf Verlangen beschafft werden; auf diese Weise ist die Gewähr, welche sie einem Verkäufer verschafft, eine vollkommene, dass er in der Lage sein wird, andere Güter anzuschaffen, welche denen gleich kommen, die er verkauft

hat. Eine auf Verlangen nicht zahlbare Banknote bietet eine solche Garantie nicht; es ist nicht sicher, dass sie überhaupt jemals gezahlt werden wird. Sie cirkulirt aus zwei Gründen; es ist die Regierung, die sie ausgiebt, und allgemein herrscht der Glaube, dass eine Regierung ihre Verbindlichkeit niemals bestreiten und sie zuletzt einlösen wird. Aber dieser Glaube für sich allein würde nicht genügend sein, eine weite und leichte Cirkulation für so garantirte Papiere zu sichern; desshalb fügen ihnen die Regierungen, um ihren Zweck zu erreichen, ein Mittel von grosser Wirksamkeit bei. Sie statten sie mit dem Rechte der gesetzlichen Währung aus; sie erlassen ein Gesetz, welches jeden Gläubiger, welcher einen Käufer mit Einem Dollar oder Einem Pfunde belastet hat, zwingt, diese Noten als volle Erfüllung seiner Forderung anzunehmen. Auf solcher Grundlage wird die Ausgabe möglich. Die Regierung schuldet Zinsen für eine Staatsschuld und empfängt von den Handelsleuten Lieferungen aller Art. Sie zwingt die Staatsgläubiger, diese Noten auf die schuldigen Zinsen in Zahlung zu nehmen, und beredet ihre Lieferanten, unter Hinweis darauf, dass sie ja in der Lage sein würden, diese Noten an alle diejenigen weiter zu begeben, denen sie schuldig sind, zur Lieferung von Gütern. So gehen die Noten ab, und einmal heraus, kehren sie nicht zum Ausgeber zurück.

2. Als nächster Umstand ist bemerkenswerth, dass diese Noten, für die Zahlung nach Belieben nicht gefordert werden kann, unter Einer Bedingung in gleicher Werthshöhe mit Münze cirkuliren — der Bedingung, dass ihre Zahl nicht den Bedarf des Publikums für diese Werkzeuge überschreitet. Bei der Münze fliesst, wie wir gesehen haben, in gleichem Falle der Ueberfluss an metallischen Dollars oder Sovereigns sogleich zur Aufbewahrung in die Gewölbe, gerade wie des Landmannes Pflüge zu rauher Winterszeit in ihre Schuppen zurückkehren. In derselben Weise laufen auf Verlangen zahlbare Banknoten an ihre Ausgeber zurück; man hat eben

keinen Bedarf. Aber uneinlösliche Banknoten haben keine solche Vorrichtung, um ihre Zahl den Anforderungen des Publikums anzupassen; einmal ausserhalb in Umlauf, sind sie für immer draussen; für sie ist kein selbstthätiger Berichtigungs-Apparat vorhanden, wie das bei den anderen Tauschwerkzeugen der Fall ist. Nun mag es wohl mal zutreffen, dass die Menge der ausgegebenen nicht einlöslichen Noten nicht grösser ist, als das Bedürfniss des Publikums reicht; so war es mit den Noten der Bank von England für eine Reihe von Jahren, als ihr das Gesetz die Zahlung der Noten in Gold untersagte. Aehnlich hat man öfters in anderen Ländern ein nicht zu grosses Uebermaass angetroffen. Aber was heisst Uebermaass? Was es bei allen Werkzeugen bedeutet, zu Viel für die ihnen obliegende Arbeit; und es ist schon gezeigt worden, dass die hier einschlägige Arbeit in der Vermittelung des Tauschhandels, jenem Kaufen und Zahlen, besteht, wobei ein entsprechender Theil des Werkzeuges Verwendung findet. Die zu bewältigende Arbeit besteht in baaren Geldzahlungen; und, wenn diese Zahlungsverbindlichkeiten keine Zunahme erfahren, während die Menge der umlaufenden Banknoten vermehrt wird, so entsteht ein Uebermaass.

3. Aber was liefert den Beweis für das Bestehen eines Uebermaasses oder um den landläufigen Ausdruck zu gebrauchen, strotzender Abundanz (inflation)? Welche Wirkung hat sie, was führt zur Darlegung ihrer Ursachen? Es ist das Fallen im Werthe des Papiers, verglichen mit dem Werthe der Münze, über welche das Schuldbekenntniss lautet. Die Menge desselben ist zu gross; manche Personen haben davon so viel, dass sie nicht wissen, was sie damit thun sollen; um sich desselben zu entledigen, sind sie bereit, es zu herabgesetztem Preise loszuschlagen. Es möchte schwierig sein, sich eine Vorstellung von der Lage des schliesslichen Inhabers zu machen, der diesem Gedankengange folgt, und sich dann entschliesst, es als werthlos zu betrachten; aber un-

möglich kann man daran zweifeln, dass gerade das im praktischen Leben Platz greift, und dass die Entwerthung der Noten, mag sie wie in den Vereinigten Staaten ihren Ausdruck in einer Prämie finden, welche das Gold im Vergleiche zu den Papier-Dollars einträgt oder, wie früher in England, in einem bei Noten gemachten Abzuge, lediglich das Resultat einer übermässigen Anhäufung ist, wie solche ja den Werth aller Waaren herabdrückt. Jede weitere Ausgabe erhöht die Entwerthung und die Verwirrung, welche sie in allen Geldgeschäften erzeugt. Es schreitet dann die Entwerthung der Noten Schritt für Schritt fort.

4. So wird also die uneinlösliche Banknote mit dem schlimmsten Fehler behaftet, den ein Umlaufsmittel (currency) besitzen kann — der Unbeständigkeit seines Werthes. Sie handelt das eine Mal mehr, das andere Mal weniger gleichartige Güter ein. Wir wissen, dass es zum Wesen eines guten Umlaufsmittels gehört, dem Empfänger die zuverlässige Sicherheit zu gewähren, dass er mit ihm in der Lage sein wird, Güter von gleichem Werthe wie die fortgegebenen zu erwerben: eine uneinlösliche Banknote verdirbt und entzieht diese Sicherheit zuverlässig. Er ist nicht sicher, dass er sich nicht durch die Banknoten einen aussergewöhnlichen Verlust zuziehen wird, einen Verlust, der weder vom Käufer, noch Verkäufer beabsichtigt, aber darum doch nicht weniger in Wirklichkeit begründet ist. Die Entwerthung des Tauschwerkzeuges, wenn es einem civilisirten Lande, von dem es beim Handel seiner Lebensbedürfnisse und Genussmittel ganz entschieden zurückgewiesen werden würde, aufgedrängt wird, ist eine Plage und ein heilloser Schade. Es wird aus einem Grunde aufgedrängt, der mit dem einzigen Zwecke, zu dem überhaupt Geld existirt und zu allgemeinem Gebrauche gelangt, absolut Nichts zu thun hat. Es ist eine ebenso muthwillige Verderbung des unentbehrlichsten Werkzeuges, wie wenn Jemand einer Messerklinge die Eigenschaft beilegen würde, je nach Laune scharf oder stumpf zu sein. Der

Wechsel in der Natur des Papiergeldes übt auf alle Preise in den Läden und Magazinen Einfluss — als Preis gilt lediglich die Menge des Papiergeldes, welche rechnungsmässig dem Werthe der Güter gleichkommt. Je civilisirter eine Nation ist, um so ausgedehnter ist die Entwickelung ihres Handels-Verkehrs, um so grösser die Menge ihrer zu begleichenden Schulden und der nach und nach abzutragenden Annuitäts-Verbindlichkeiten; je unseliger man den Umlaufsmitteln Gewalt angethan hat, um so verderbenbringender sind ihre Wirkungen für die Gesellschaft. Jeder Verkauf auf Credit wird zum Spiel, und wie grosser Schade muss nicht daraus entspringen, wenn sich bei jeder Ladenrechnung das unvermeidliche Element des Spiels einmischt, bei jedem von Handelsunternehmungen veranlassten Wechselbriefe, bei jedem Vertrage um ein Haus oder ein Ackergut, der als Zahlung eine Rente von so und so viel Dollar oder Pfund für eine Reihe von Jahren festsetzt, bei allen denen, welche von den Zinsen einer Staatsschuld des Landes leben? Und nicht der kleinste Theil des daraus entspringenden Uebels ist der den Handelsleuten auferlegte Zwang, den natürlichen Preis ihrer Güter zum Schutze gegen die der Verschlechterung des öffentlichen Geldes entspringende Verlustgefahr zu erhöhen. Es wird das am meisten im auswärtigen Handel empfunden. Der Engländer oder Deutsche, welcher eine Schiffsladung Güter nach Amerika schickt, weiss, dass er mit Wechseln bezahlt werden wird, die auf Dollars lauten: er kann nicht sagen, welchen Werth der Dollar haben wird, wenn die Wechsel fällig werden; er hilft sich selbst, indem er sich von dem Amerikanischen Käufer einen höheren Preis ausbedingt.

Und es ist das nicht der kleinste Theil des Uebelstandes und der Unzuträglichkeit eines uneinlöslichen Papiergeldes, dass es zu einer grossen und unaufhörlichen Verletzung der Verträge führt. Jede vertraglich festgesetzte Summe, welche mit solchen Noten zu entrichten ist, bedeutet heute etwas

Anderes wie morgen. Es liegt im Wesen eben sowohl der auf Treu und Glauben geschlossenen Verträge wie eines zuverlässigen Handelsverkehrs, die Leistung dem Uebereinkommen entsprechend zu bewirken; aber an Stelle jenes versprochenen Werthes wird der Papier-Dollar nach seinem Nennwerthe entrichtet, als wenn das die vereinbarte Zahlung wäre. Aber welche Entdeckung muss der unglückliche Empfänger machen? Dass er betrogen worden ist, dass der empfangene Papier-Dollar nicht dieselbe Kaufkraft hat, als der versprochene Dollar — dass die Preise bei allen Waarengattungen gestiegen sind — und dass er Nachtheil an Geld und Gut erlitten hat. Die Kaufleute sind nothwendig zur Erhöhung ihrer Preise gezwungen. Die wirklichen Preise werden nicht davon berührt; die Verkäufer verlangen mehr Dollars, aber, da jeder Dollar weniger werth ist, so bringt ihnen doch die grössere Zahl Dollars nur denselben Werth, wenn sie mit ihnen Güter anschaffen wollen. Jeder Gläubiger, der mit Papier-Dollars bezahlt worden ist, kämpft gegen diese Preissteigerung und findet, dass ihm ein Theil seines Eigenthums genommen worden ist.*)

Diese öffentlichen Missstände finden vereinigt ihren Ausdruck in der Thatsache, dass Niemand im Stande ist zu sagen, was ein Dollar ist. Dollar wird zu einem Worte, dessen Bedeutung Niemand kennt; man muss sie dem in Papier-Dollars ausgedrückten Geld-Preise entnehmen. An jedem folgenden Tage hat der Dollar eine andere Bedeutung: heute ist er dieses, morgen jenes Ding; kann man sich ein Geld, dessen einzige und alleinige Aufgabe darin besteht, den Ankauf von ebensoviel, als man verkauft hatte, sicher zu stellen, denken, welches einen grösseren Fehler besässe?

---

*) Einige Einzelheiten der durch nicht einlösliches Papiergeld verursachten Nachtheile sind recht wirksam in einer äusserst geschickten und anerkennenswerthen Adresse wiedergegeben, die zu Omaha von dem Professor des Williams College, A. L. Perry, überreicht worden ist.

Es ist fast verwunderlich, dass solch ein Dollar überhaupt Werth hat — dass Jemand sich willig findet, seine Güter dafür weg zu geben. Der Grund seines Werthes liegt darin, dass auf dem Papiere das Versprechen geschrieben steht, dass die Vereinigten Staaten dafür Einen Dollar zahlen werden — natürlich einen Metall-Dollar — und man nimmt an, dass nach Verlauf eines grösseren oder geringeren Zeitraumes die Vereinigten Staaten ihr Wort einlösen werden, und das ist für das Publikum Beweggrund, den Greenbacks Werth beizulegen. Der öffentliche Glaube ist als Pfand eingesetzt; die daraus der Regierung erwachsende Verantwortlichkeit für all die Uebel, welche die Papier-Dollars der Gesellschaft zufügen, liegt somit auf der Hand.

5. Die gewöhnliche Entschuldigung, die für uneinlösliche Banknoten angeführt wird, ist die Nothwendigkeit, ein augenblicklicher politischer Nothstand. Der Staat hat ein dringendes Bedürfniss nach Geld; die äussersten Grenzen der Besteuerung sind bereits erreicht. Was anders kann unter solchen Umständen eine Regierung thun, als sich die Befriedigung eines so dringenden Bedürfnisses durch das Versprechen verschaffen, in künftiger Zeit Zahlung leisten zu wollen. Nun ja; auf diesen Grund hin mag man Staatsschulden gerechtfertigt finden. Der Staat lässt sich in solcher Zeit der Noth vom Lande Vermögenswerthe vorschiessen und verbraucht sie; umgekehrt gewährt er den Darleihern eine Amortisationsrente und Zinsengenuss (annuity).

Bei solchen Geschäften läuft nur Ein Unrecht unter — die Zerstörung erborgten Vermögenswerthes; aber dies Unrecht wird nur Ein Mal begangen und dann ist es zu Ende. Nicht so bei uneinlöslichen Noten. Die Ausgabe von nicht einlöslichen Banknoten hat es mit der Staatsschuld gemein, dass sie Landesvermögen an sich zieht und consumirt; aber an jene knüpft sich ausserdem ein Uebelstand, der nie zu heilen ist. So lange ein uneinlösliches Papiergeld (currency) besteht, wird es ohne Aufhören eine Plage für den Handelsverkehr wie für jedes einzelne unter Kaufleuten abgeschlossene Geschäft sein. Der Nachtheil entsteht Tag für Tag, Woche für Woche, Jahr für Jahr immer von Neuem; während doch der Staat trotz all dieser Verwirrung Nichts gewinnt, was zu dem verursachten Unglücke im Verhältniss stände. Da steht der Regierung kein Vortheil zur Seite, der das Gegengewicht hielte, um gegen den Verlust aufgewogen zu werden, den das Land erleidet. Die Regierung führt uneinlösliche Noten ein, gleich einer Steuer, die sie, statt nach und nach einzuziehen, auf Ein Mal vereinnahmt; aber das schlechte, ungesunde, unzuverlässige Geld verfolgt die Gesellschaft auf Schritt und Tritt und bringt Allen nur nicht den Spielern Verlust. Es vergiftet tagtäglich allen Handels- und Tausch-Verkehr; und was ist das menschliche Leben ohne Arbeit, ohne Handel?

Die Nutzanwendung, welche diese Thatsachen an die Hand geben, ist einleuchtend. Der Zwang der Noth mag die erste Auflage einer eben so bequemen, als verderblichen Steuer entschuldigen, aber sobald die Noth vorüber, wird die mit der Natur und der Ausgabe des Geldes vertraute Gesetzgebende Gewalt keine Stunde verlieren, der Plage ein Ende zu machen, und das uneinlösliche Geld zu beseitigen.

Aber, fallen eine Menge Leute der verschiedenen Länder, namentlich in Nordamerika ein, der Handel wächst und fällt mit der grösseren oder geringeren Menge des Geldes. Ueberfluss an Geld bringt lebhaftes Geschäft — Käufer die Menge. Was können sie mit ihrem Gelde anders thun als kaufen? Es wird in jedes Magazin, in jeden Laden wandern. Wenn Geld im Ueberflusse vorhanden ist, werden die Darlehenssucher es leicht haben, die Mittel zum Betriebe eines ausgedehnten Handelsverkehrs zu finden. Ist es nicht notorisch, dass Freiheit der Notenausgabe den Diskont herunterdrückt, weil sie den Banquier in die Lage setzt, mit geringeren Selbstkosten seinen Geschäftsfreunden die Mittel zum Kaufe an die Hand zu geben? Da kann es nicht zu viel Geld geben, — wo hat man jemals Derartiges gehört? Es ist leicht von strotzender Abundanz (inflation) zu reden, aber es bleibt trotz alledem wahr, dass Jemand mit Banknoten in der Tasche, mag sie davon strotzen oder nicht, in der Lage ist zu kaufen, und dass der Banquier ihn für weniger als sechs Procent mit diesen Noten überschütten kann.

Dass solche Trugschlüsse im neunzehnten Jahrhundert vorgebracht werden können, ist zum Staunen. Der ersten Aeusserung liegt die Unwissenheit zu Grunde, als wäre Geld etwas anderes, als ein Werkzeug, als wäre Geld die Sache, welche das Wesen des Kaufs ausmacht und nicht ein blosses Instrument, welches beim Kaufe gebraucht wird. Eigenthum ist es, womit das Geld zum Zwecke des Kaufes selbst gekauft wird. Kaufen ist nur ein Austausch von Gütern, absolut nichts Anderes; verkaufen für Geld hat nur die Bedeutung eines doppelten Tausches an Stelle eines einzelnen Tauschgeschäftes. Das Geld bringt unmittelbar nicht das geringste Werthstheilchen hervor, noch erzeugt es einen Zuwachs an werbender Kraft, die nicht ohne sein Zuthun entstehen würde; es bringt nur die Güter in verschiedene Hände. Mag doch die Notenbank, sei es die Regierung, mit Hülfe eines Stückes Papier Eigenthum der Disposition des Einen entziehen und zur Verfügung des Anderen stellen; aber ohne Anwendung der Banknote, indem man das Eigenthum wechselt, das heisst, kauft und verkauft, ganz mit demselben Erfolge. Geld kann keine Zunahme des Handels erzeugen, es wäre denn Münze, die man unentgeltlich vom Bergbau erhalten hätte; dann würde natürlich das Land, welches das Geschenk empfangen hat, mit ihm grösseren Vermögenswerth von einer anderen Nation erwerben können; aber wenn das Geschenk in Münze besteht und Münze bleibt, so würde die Nation, und wenn es ihr Nichts kostete, nicht um ein Titelchen reicher werden, vorausgesetzt natürlich, dass ihr Geldumlauf (currency) vollständig gedeckt wäre. Was Banknoten betrifft, so besteht ihre Thätigkeit darin, einem Theile des Publikums Eigenthum zu entziehen, und auf einen anderen Theil zu übertragen. Sind die Noten uneinlöslich, so hat der Ausgeber, also etwa die Regierung, einen Theil des Volksvermögens erworben und consumirt — dann steht dem Handels-, dem Tausch-Verkehre ein minderer Eigenthumswerth zur Verfügung. Ist der Ausgeber ein Privatbanquier, so haben er und seine Freunde, denen er sie gegen Discontirung von Wechseln leiht, den Noten-Inhabern ihr Eigenthum entzogen und verwenden es für ihre eigenen Zwecke. Natürlich können sie mit diesem Eigenthum handeln und thuen es auch. Wäre es aber dem Publikum verblieben, so würden die Güter, aus denen es besteht, dem Tauschverkehre gedient haben, sie würden gerade wie jetzt gekauft und verkauft worden sein. Da ist keine Rede vom Wachsen des Nationalvermögens oder des im Lande betriebenen Handels. Es lässt sich aus jener Sprache, wie sie hier gekennzeichnet ist, kein Grund entnehmen, einer Nation das unerträgliche Missgeschick des Spiels und gefährdeter Sicherheit aufzubürden, welches bei jedem Handels-Abschlusse von einem Tauschwerkzeuge unzertrennlich ist, welches durch fortdauernde Werthschwankungen gefälscht wird. Zu allen Zeiten und aller Orten hat man es für die erste Aufgabe eines zur Erfüllung seiner Bestimmung geschickten Geldes erachtet, dass es im Stande ist, Güter von demselben Werthe zu kaufen, als für dasselbe verkauft worden sind.

Aber ein anderer Missstand äussert sich ausserordentlich gern unter dem Einflusse uneinlöslichen Papiergeldes. Wenn Banken mit der Noten-Ausgabe betraut sind, so lehrt die Erfahrung unabweislich, dass gutes Bankwesen seinem Untergange entgegen geht. Banquiers eröffnen sich unter Mitwirkung solcher Noten Hülfsquellen so leicht, dass sie aufgeregt und unvorsichtig werden. Sie leihen sogar zur Ermunterung der Speculation aus, zu Förderung unsolider Gesellschaften, zu Bahn-Anlagen in der Wildniss, die in Jahren die auf ihre Herstellung verwendeten Kosten nicht wieder einbringen können, und zu ähnlichen Operationen. Kommt endlich der Tag der Abrechnung, so liegt es zu Tage, dass ein grosser Theil davon im Besitze des Publikums für immer verloren ist, solange es das verderblich schwankende Papiergeld bleibt. Wohl mag nach Mr. Edward Atkinson's Mittheilung Mr. Greene ausrufen, als er von den „Folgen des Währungs-Gesetzes (Legal Tender Act)“ spricht, „die Speculation verprasst den öffentlichen Raub, jede Art der Verschwendung und Ausschweifung nimmt in Stadt und Land überhand, nirgend mehr als in Philadelphia, gerade unter den Augen des Congresses — Luxus in der Kleidung, Luxus in der häuslichen Einrichtung, Luxus bei Tafel. Wir hören von einem Gastmahl, bei dem £ 800 für Pasteten verschwendet wurden. Wenn ich Privatbriefe aus jenen Tagen lese, so habe ich mitunter das Gefühl, was ein Mann beim Anschaun eines sinkenden Schiffes haben muss, dessen Mannschaft sich zum Tode vorbereitet, indem sie des Proviant-Verwalters Zimmer erbricht und sich zum Wahnsinn betrinkt.“ Dies Pagiergeld mit gesetzlicher Währung überliefert das Volksvermögen den Händen der Zerstörung.

Was ist ein Dollar? wie wir gesehen, ist das die Frage, welche ein uneinlöslicher Notenumlauf nicht beantworten kann. Sehr richtig und humoristisch ruft Mr. Atkinson aus: „Warum nicht sagen der Greenback? Der Dollar ist ein Stück Gold oder Silber, dem wir entwachsen sind. Der einzige Nutzen der Noten liegt darin, mit ihnen zu kaufen; warum nicht, anstatt dem Papiere aufzudrucken, „„Die Vereinigten Staaten — Ein Dollar““ drucken, „„die Vereinigten Staaten, ein Truthahn, ein gebratenes Ferkel oder ein Pferd““; und als kleines Geld, „„die Vereinigten Staaten, eine Zeitung““, und warum sie nicht für gesetzliche Währung erklären mit dem Versprechen, sie in Bonds zu 3,65 verzinslich umzuwandeln, deren Zinsen natürlich nicht in Gold bezahlt werden müssten, denn Gold muss man für unnütz achten, für einen scheusslichen Tyrannen, aus der Mode, nur gut, ausgeführt oder des Landes verwiesen zu werden, gut für ausländische Arme, der aber seine Rolle im erleuchteten Amerika gänzlich zu Ende gespielt hat. Wenn die Absicht dahin geht, die Zinsen der uneinlöslichen Bonds in Gold zu zahlen, so ist damit der Edelmetall-Münzfuss angenommen und die ganze Sache aufgegeben. Geht aber die Absicht dahin, die Zinsen in uneinlöslichen Noten zu bezahlen, dann läuft der Vorschlag — (die Noten gegen Bonds zum Zinsfusse von 3,65 einzutauschen) lediglich darauf hinaus, werthlose Stücke bemalten Papiers auszutauschen, Eins gegen das Andere."

In gleichem Sinne bemerkt The Financier of New-York vom 3. Juli 1875, ein der Politischen Oeconomie gewidmetes Blatt, dem kein zweites in irgend einem Lande an talentvoller Auffassung und Klarheit des Denkens an die Seite zu stellen: „Sieht man auf die einzig consequente und ehrliche Art der Inflations-Theorie (inflation) (noch nicht vorgebracht, weil sie eben der Art ist), nämlich die promissorische Form abzustreifen und Zeichen aus Papier, Lappen, Leder oder beliebigem anderen Material auszugeben und sie mit der Bezeichnung „„Ein Dollar"" — „„Vereinigte Staaten von Amerika"" unter der constitutionellen Machtbefugniss des Congresses zu geprägtem Gelde zu stempeln, so würde doch der Inflationist nicht den geringsten Gegenstand für derartiges Geld austauschen, obwohl er es folgerichtig nicht von der Hand weisen könnte."

Es ist ein merkwürdiges Ding, dass eine so grobe Täuschung, wie sie in der Annahme liegt, dass dem Papier-Dollar durch die Verzinsung mit einem anderen Stücke Papier ein thatsächlicher Rückhalt gegeben werde, in vielen Theilen von Amerika im Volksglauben eine so grosse Macht hat ausüben können — dass ein so scharfsinniges Volk nicht durchschauen sollte, was doch zu Tage liegt, Ignotum per ignotum. Es muss ihnen nicht in den Sinn gekommen sein, dass man bei jedem Gelde die entscheidende Frage zu stellen hat — worin besteht seine Kaufkraft? wird es seine Aufgabe erfüllen und auf Grund welchen Princips?

Die Folgerung ist unabweisbar: ein uneinlösliches Papiergeld ist unmöglich aufrecht zu halten. Sein Ursprung mag in überwältigender politischer Nothlage entschuldbar und sein Nachtheil vergleichungsweise gering sein, wenn es nur kurze Zeit beibehalten wird. Aber sein Fortbestehen ist mit immer wiederkehrenden Landes-Calamitäten behaftet. In England wird kein irgend hervorragender Mann auftreten, derartiges Geld in Schutz zu nehmen, dessen eingewurzelte und unverbesserliche Schädlichkeit in der Ueberzeugung des Englischen Volkes festbegründet ist. Jeder würde die Zinsenzahlung mittelst Erhöhung der Staatsschulden dem Umlaufe eines Geldes vorziehen, welches heute dieses, morgen jenes bedeutet. In dieser Sache kennt England kein Schwanken mit seinem Urtheile nach der einen oder anderen Seite; solche Ueberzeugung, sollte man meinen, müsste in den Vereinigten Staaten in's Gewicht fallen.

Aber wie kann man sich vom Umlaufe eines uneinlöslichen Papier-Geldes losmachen? Die Antwort ist nicht leicht —

„Principiis obsta, sero medicina paratur,
Cum mala per longas invaluere moras."

Es giebt der Wege manche, die zur Einlösung zurückführen. Jedes Land ist in seiner besonderen Lage und die Mittel, ihm zu entfliehen, sind verschieden, freilich alle unglücklicherweise nicht ohne von Schmerz begleitet zu sein. Man kann nicht sündigen, ohne dafür in einer oder der anderen Weise zu büssen. In England war der Weg der Busse vergleichungsweise leicht. Die Bank von England war verantwortlich für ihre umlaufenden Noten und genoss allgemeines Vertrauen. Der Abzug, den ihre Noten erlitten, indem die Guinee dem Werthe von siebenundzwanzig Schillingen in Noten gleichgesetzt wurde, war keineswegs einem Mangel an Credit zuzuschreiben; der Grund lag einfach in der übermässigen

Ausgabe von Noten, deren schleuniger Rückfluss zu den Bankvorräthen nicht, wie es jetzt bei Banknoten und Sovereigns der Fall ist, statthaben konnte. Ein Nationales Missgeschick erleichterte die Aufnahme der Baarzahlungen sehr. Ein grosser, von den Provincial-Banken ausgegebener Noten-Betrag cirkulirte neben dem der Bank von England. Der Krieg hatte den Preis des englischen Kornes aussergewöhnlich in die Höhe getrieben; der Friede setzte den Ackerbau der ganzen Welt in Concurrenz mit dem Englischen. Das Jahr 1813 brachte sehr reiche Frucht, die Preise sanken tief herunter und viele Grundbesitzer wurden ruinirt. Das Vertrauen war im ganzen Lande tief erschüttert und die Banken verfielen einer schwierigen Lage. In den Jahren 1814, 1815 und 1816 stellten 250 Provincial-Banken ihre Zahlungen ein, und so verminderte sich die Menge der Provinzial-Banknoten sehr bedeutend. Die Noten der Bank von England blieben frei vom Makel übler Nachrede; ihre Noten stiegen im Preise und dadurch wurde vielen Schwierigkeiten bei Wiederaufnahme der Zahlungen abgeholfen. Die Neigung zur Umwechslung der Noten in Gold hörte auf, denn die Noten standen im Werthe gleich, nachdem das Uebermaass ihres Umlaufs aufgehört hatte. Die Wiederaufnahme der Baarzahlungen übte Vergeltung an der Vergangenheit, namentlich insofern, als viele auf Pfundzahlungen lautende Verträge zur Hingabe entweder von Münze nöthigten, oder von gleichwerthigen Banknoten, während diese doch theurer geworden waren, als sie es zur Zeit der Contracts-Abschlüsse waren; aber die hier beschriebenen Vorgänge führten schrittweise zur Abstossung der alten Schulden, während neue mehr und mehr auf Goldpreise basirt wurden. Als der Werth der Noten der Bank von England stieg, wurde es minder vortheilhaft, Gold zu exportiren; die Banknote verlor die Natur eines unterwerthigen Geldes und hörte immer mehr auf, das Gold fort in's Ausland zu treiben. So war die Bank von England im Stande, aus freien Stücken einen früheren Tag für die

Aufnahme der Baarzahlungen anzusetzen, als ihn das Gesetz bestimmt hatte und schon 1821 statt 1823 die Noten mit Gold einzulösen. Nie hatte eine Zahlungsaufnahme weniger Verwirrung im Gefolge.

Denselben Weg würde voraussichtlich die Zahlungsaufnahme in den Vereinigten Staaten einschlagen. Vor Allem kommt es darauf an, in dem Bewusstsein des ganzen Volkes die feste Ueberzeugung zu begründen, dass die Wiedereinführung der Baarzahlung unwiderruflich entschieden ist. Wenn dies Gefühl die ganze Nation durchdrungen hat, so werden sich Aller Augen der Thatsache zuwenden, dass der Papier-Dollar in kurzer Zeit absolut gleichen Werth mit dem metallischen Dollar haben wird, und die Folge davon wird die stetig zunehmende Gewohnheit sein, die Berechnung aller voraussichtlich lang ausstehenden Forderungen und die Vereinbarung aller auf •Geld· lautenden Verbindlichkeiten auf die Basis des metallischen Dollar zu stellen. Der Handel mit fremden Ländern würde denselben Gang nehmen, der Einfuhrhandel würde mit immer wachsendem Vertrauen auf ein an Güte dem Metall-Umlaufe gleichkommendes Papier zählen. Der Aufschlag auf Gold würde sich nach und nach vermindern und das berechtigt zu der Annahme, dass die Herstellung der Baarzahlung wie in England um so viel früher erfolgen würde; und gerade wie die Bank in England thatsächlich keine Schwierigkeit fand, eine genügende Menge Gold zu erhalten, um jede Nachfrage nach Gold bei Präsentation der Banknoten zu befriedigen, so würde es auch, glaube ich, in Amerika der Fall sein. Aber da darf ihr Umlauf in der Zwischenzeit auch nicht um einen Bruchtheil vermehrt werden, denn den Schlussstein des ganzen Gebäudes muss der Beschluss bilden, der keiner Hoffnung der Aenderung Raum lässt, die uneinlösliche Papier-Note auf immer zu vertilgen.

England besass einen Vorzug, in dessen Ermangelung den Vereinigten Staaten einige Ungelegenheit verursacht werden könnte. Es giebt nämlich kein Banknoten-Papier in Amerika, dem man so völlig vertraute, wie es früher und jetzt bei den Noten der Bank von England zutrifft. Es erhebt sich nun die schwierige Frage, wer soll in Zukunft die Papier-Noten in den Vereinigten Staaten ausgeben? Unmittelbare Noten-Ausgabe durch die Regierung, indem sie die vom Publikum für Banknoten gezahlten Summen vereinnahmt und aufbewahrt, bildet ein System, an dem man, ich begreife, allgemein Anstoss nehmen würde. Es stellt die Verpflichtung zur Einlösung in das Belieben der politischen Parteien. Was die Regierung mit dieser ausgedehnten Befugniss machen würde, ist nicht leicht zu sagen. Wahrscheinlich würde sie damit vorhandene Schulden abstossen; in diesem Falle könnte man kaum vom Bestehen eines Garantie-Fonds für die Einlösung sprechen. In England ist die Bank zur Anlage der fünfzehn Millionen in Sicherheiten gezwungen. Sie bilden einen abgeschlossenen und greifbaren Fonds, immer von Werth, wenn es sich um Beschaffung von Geld von metallischer Münze handelt. Eine von der Regierung geschuldete National-anleihe bildet bei Zahlung einzulösender Noten eine Fundirung, die sehr verschieden ist von Sicherheiten, welche alsbald auf offenem Markte in Geld umgesetzt werden können. Der Mangel eines thatsächlich vorhandenen Fonds und die unmittelbare und unzweifelhafte Abhängigkeit der Einlösung von einem Beschlusse des Congresses, der jeder Zeit gefasst werden kann, würde die stete Einlöslichkeit ausserordentlich gefährden. Es scheint mir — obwohl es für Jemanden, der nicht Amerikaner ist, nicht leicht ist, gegenüber den verwickelten Verhältnissen, von denen das Amerikanische Geldwesen eingeengt ist, eine zuversichtliche Sprache zu führen — dass der am besten einzuschlagende Weg, soweit praktisch ausführbar, in der Nachahmung des Englischen Systems liegen würde; denn dies System bewährt sich in England vortrefflich. Für die Ausgabe von Papier-Noten ist es tadellos. Die einzige dagegen vorgebrachte Klage, die eine kurze

Erwähnung verdient, ist die, dass die Grenze von fünfzehn Millionen zu eng gezogen sei, da der Verkehr eine grössere Menge aufnehmen und festhalten könne, ohne je davon einen Theil zur Baarzahlung einzusenden. Mit dieser Beschuldigung haben wir uns, wenn ich mir die Meinung erlauben darf, bereits an einer früheren Stelle abgefunden. Die Notenausgabe einer einzelnen Bank unter der unumstösslichen Bedingung anzuvertrauen, dass sie Alles, was sie empfängt, in Regierungs-Sicherheiten anlege, würde wahrscheinlich der sicherste und zudem einfachste Plan sein; sonst möchte es sehr schwer halten, die Notenausgabe einer Menge von Banken in Schranken zu halten und sich die festbegründete Sicherheit zu verschaffen, dass die Notenausgabe nie den in Sicherheiten angelegten Betrag übersteigen werde. Bei dieser Methode muss eine fortdauernde Goldreserve gehalten werden, und diese würde natürlich von der Summe genommen werden, die übrigens in Sicherheiten angelegt wird. Ein Theil des den Sicherheiten entspringenden Vortheils würde folglich, wie bereits gezeigt, dem Staate überlassen bleiben. Ich will nicht sagen, dass dies der einzige Plan ist, der den Vereinigten Staaten freisteht, aber es scheint, wenn ich meinem Urtheile trauen darf, der beste zu sein.

DRITTES KAPITEL.

Was ist eine Bank?

Wir haben nun die Besprechung des Geld-Umlaufs (currency) im streng technischen Sinne beendet. Wir kommen zu einer anderen wirkenden Kraft, die den Austausch der Vermögenswerthe in grossem Maassstabe in's Werk setzt und den Zweck hat, Güter auszutauschen, die für den Verbrauch, nicht der Fabrikanten selbst, sondern anderer Leute hergestellt sind — zum Bankgeschäfte. Da das Geld gleichfalls keine andere Aufgabe als den Austausch von Vermögenswerthen hat, so folgt daraus, dass Bank- und Geldwesen zwei verschiedene Vorrichtungen zur Verrichtung von Arbeit gleicher Art sind. Die Bank und ihre grossen Hülfsmittel, Check und Wechselbrief, übertragen Eigenthumswerth von Einem auf den Anderen. Aber Bankverkehr (banking) ist kein Geldumlauf (currency), und rathlose Verwirrung müsste daraus entstehen, wenn jener als Geldumlauf aufgefasst würde. In der That bildet bis auf diesen Tag die Vermischung von Geldumlauf und Bankwesen, indem man sich für manche der wichtigsten Vorkommnisse des Bankverkehrs auf den Geldumlauf als wirkende Ursache beruft, die unglückliche Quelle des mangelnden Verständnisses für eine doch wirklich so einfache Sache, wie den Geldumlauf. Die Thätigkeit des Bankverkehrs führt zu einer bedeutenden Verminderung des Geldgebrauches, der verwendeten Menge an Münze und Banknoten; doch aber sind sie wesentlich verschiedenartige Werkzeuge, gerade wie ein von Pferden gezogener Pflug und ein von Menschenhand geführter Spaten zwei verschiedene Geräthschaften sind, obwohl beide dieselbe Arbeit der Bodenlockerung verrichten. Was ist also eine Bank? Womit handelt sie, denn ein Handelsgeschäft ist sie? Es könnte scheinen, als wenn diese Fragen aussergewöhnlich schwer zu beantworten wären, denn in welchem Buche, welcher Sprache sind sie in genauen und unzweideutigen Ausdrücken beantwortet? Sicher sind Banquiers keine Personen, die man fragen möchte, womit sie handeln, wie man eine solche Frage dem Spezereihändler stellen könnte. Jeder wird erwidern — eine Bank handelt mit Geld; die Leute bringen ihr Geld zur Bank und lassen sich Geld aus der Bank geben — was kann klarer sein? Ein Banquier handelt mit Geld wie ein Specereihändler mit Thee. Aber ist dem so? Eine Bank, welche Banknoten ausgiebt, handelt ausser Zweifel mit Geld, aber die Ausgabe von Banknoten ist eine Thätigkeit, die mit dem Bankwesen nur unter Umständen verbunden ist; es giebt wenig Banken, die Noten ausgeben. Man braucht nur jenen im Bankverkehre umlaufenden Werth von beinahe Hundert Millionen in's Auge zu fassen — den Umstand, dass bis zu diesem ungeheuren Betrage in London allein, ohne einen einzigen Sovereign oder eine einzige Banknote anzugreifen, Güter gekauft und bezahlt werden — um zu begreifen, dass Geld, welches man in die Hand nimmt und aufzählt, nicht die Waare ist, mit der sich eine Bank befasst, obwohl jede Bank wie jedes andere Geschäft auch eine kleine Menge Geld führen muss. Der Satz, eine Bank handle mit Geld, ist eine der unbegründetsten Behauptungen, die man aufstellen kann. Wer solch' eine Erklärung des Bankwesens giebt, ist gezwungen, Checks und Wechsel als Geld zu bezeichnen, und wenn die zum Gelde gehören, dann lasse man jede Hoffnung auf endliches Verständniss dessen, was Geld ist, fahren. Schon vor längerer Zeit habe ich in Fraser's Magazine den Satz vertreten, dass unter den gewöhnlichen Bank-Einnahmen an baarer Kasse, also Münzen und Noten, wahrscheinlich nicht mehr als 1 auf 30 komme. Diese Annahme hat eine sehr bemerkenswerthe Bestätigung erfahren durch die von Sir John Lubbock vorgenommene Zerlegung einer bei seiner Bank-Firma in der City eingegangenen Summe von £ 19,000,000.

Sie war zusammengesetzt aus:

Checks und Wechseln	£ 18,395,000,
Noten	- 487,000,
Münze	- 118,000,
	£ 19,000,000.

Unter diesen Einnahmen befanden sich nur 3 Procent Baarzahlungen, und die Münze der ganzen Summe belief sich auf $^1/_2$ Procent oder 1 auf 200. Sir John Lubbock's Bank hält keinen Baarbestand, kein Geld auf Lager, es bildet keinen Artikel, mit dem sie arbeitete. Was diese Bank auch betreibt, sie thut es nicht mit Sovereigns und Banknoten. Sie führt ohne Zweifel einiges baare Geld, aber nicht anders, wie jeder Kaufmann und jeder Privatmann im Lande. Der Gebrauch von Geld lässt keinen Schluss auf Jemandes Geschäft zu; die Baarschaft, welche der Kassirer eines Banquiers zur Verfügung hat, begreift nur einen kleinen Betrag zum Wechseln; er giebt uns gar keinen Aufschluss über Sir John Lubbock's Geschäft.

Wenn wir uns ein Bild davon machen wollen, müssen wir das Ganze in's Auge fassen, seine Rechnungs-Abschlüsse, die 97 Rubriken, welche den ganzen Umfang seiner Einnahmen begreifen. Hier finden wir die Waare, mit denen er handelt — Wechsel und Checks — einige, auf die er einnimmt, andere, die er einlöst. Um das Geschäft eines Banquiers zu verstehen, müssen wir die Natur der Wechsel und Checks kennen, worin sie bestehen, woher er sie bekommt, was er mit ihnen thut, wie er aus ihnen Vortheil zieht, wann sie im Ueberflusse, wann spärlich vorhanden sind, und was der Grund des Einen und Anderen ist.

Manche würden sagen, es sei das leicht zu verstehen, sie

repräsentirten Geld, aber ich muss die Zulassung des Wortes repräsentiren, wenn es sich um die Umlaufsmittel (currency) handelt, ablehnen, denn ich kann die Auffassung jener nicht verstehen, noch kann es Jemand anders, wie mich die Erfahrung gelehrt hat; es liegt darin für Niemand eine begriffflich bestimmte Auffassung. Der Satz, dass Wechsel und Checks eben so viel Geld repräsentiren, giebt mir von ihrem Wesen nicht mehr Kunde, als ich die Natur der Schafe und Ochsen kennen lerne, wenn ich höre, wie man sie mir damit beschreibt, dass sie so und so viel Geld repräsentiren. Papiere mit dem Versprechen oder der Anweisung einer Geldzahlung, wenn das der Sinn von repräsentiren sein soll, können nicht selbst Geld sein. Das Versprechen einer Sache überliefert sie nicht meiner Hand. Die Sache, der Eigenthumsbesitz, ist nicht gegenwärtig. Checks und Wechsel mögen demselben allgemeinen Zwecke dienen wie Geld, aber das thun mündliche Promessen auch, mit denen Güter gehandelt werden, und binden Jemanden gesetzlich eben so fest, als es der geschriebene Check vermag. Was sind sie denn nun? Anweisungen auf gesetzlich erzwingbare Geldzahlungen, Urkunden, die auf Geld lauten und bei Vermeidung des Rechtsweges den Empfang wirklichen Geldes verbürgen, die aber eben so wenig Geld sind, als jene anderen auf Geld lautenden Exekutiv-Titel, wie sie die Rechnungsauszüge eines Laden-Kaufmannes bilden. Checks und Wechsel sagen zu einem Banquier oder Kaufmann — Sie schulden mir Geld; statt mir es zu zahlen, zahlen sie es an denjenigen, welcher Ihnen dies Stück Papier bringt. Der auf eine Bank lautende Check setzt eine Schuld des Banquiers voraus oder die Einwilligung des Banquiers, wenn keine Schuld da ist, eine Geldsumme darlehnsweise vorzuschiessen; beim Wechsel giebt der Acceptant zu, dass er Geld schuldig ist und es am festgesetzten Tage zahlen will. Das sind jene 97 Dinge unter 100, die ein Banquier empfängt; das sind die Artikel, in denen er handelt. Er handelt mit Schuldforderungen; er empfängt Forderungen und sein Geschäft besteht darin, sie einzukassiren; seine Kunden bringen ihm ihre Forderungen, dieselben für ihre Gutschrift einzuziehen. So weit ist das Geschäft eines Banquiers ein und dasselbe mit dem eines Handlungsdieners, der von einem grossen Laden-Kaufmanne zur Einkassirung seiner Wechsel herumgeschickt wird. Der Banquier rührt bei seinen Einnahmen kein Geld an, das der Rede werth wäre; sollte er überhaupt mit Geld zu thun haben, so wäre es beim Einziehen der auf Checks und Wechsel fälligen Zahlungen. Von seinen Kunden — den sogenannten Depositen-Gläubigern — empfängt er nur £ 3 in Geld auf £ 100.

Hier entsteht die Frage: In welcher Weise empfängt der Banquier für seine Kunden auf diese Papier-Abschnitte Zahlung? Wenn seine Bank in der City von London liegt, so wird er bei Vereinnahmung dieser Schuldbeträge auch nicht Ein Pfünd baaren Geldes anrühren. Sie werden alle in's Clearing House geschickt, wo zu verschiedenen Tageszeiten diejenigen, welche zu Lasten, und diejenigen, welche zu Gunsten der zum Clearing House gehörigen Banquiers eingegangen sind, listenweise zusammengestellt werden. Für jeden wird eine Bilanz gezogen. Diejenigen, welche zu zahlen haben, geben denen, welche zu empfangen haben, einen Check auf die Bank von England, und damit ist die ganze Sache abgemacht. Anderen Falls, wenn der Banquier seine Bank in einer Gegend hat, wo kein Clearing House besteht, wie in West-End oder zu Liverpool, so ist kein Zweifel, dass sein Guthaben in Baar ausgezahlt werden muss, aber augenscheinlich macht ihn das so wenig zu einem Geldhändler, als es sein Bank-College in der City ist.

Wir sehen also worin die Eingänge eines Banquiers bestehen — in einer unbedeutenden Menge baaren Geldes, übrigens in zu Papier gebrachten Schuldforderungen, deren Einziehung er betreibt. Das sind seine Hülfsquellen — ist der Lager-Vorrath, mit dem er handelt — es sind Schuldforderungen. Was soll er damit thun? Was bedeutet das — wie kommt es, dass er vielleicht £ 100,000 in's Clearing House sendet und mit einem Check auf die Bank von England über meinetwegen £ 50 bezahlt wird? Offenbar hat er das Geld gar nicht einzuziehen, um es an jeden seiner Kunden zu schicken, für den er die Einziehung übernommen hatte. Das würde nicht Aufgabe eines Bankgeschäfts, sondern nur einer Incasso-Agentur sein. Sachgemäss lautet die Frage, wie es möglich ist, dass er dem Clearing House gegenüber ein Recht auf Empfang von £ 100,000 hat, und doch nur mit £ 50 bezahlt wird? Was sind das für Gegenforderungen, die seine Forderung auf ein solches Minimum herabgesetzt haben? Diese Gegenforderungen entstehen durch seine eigene Thätigkeit. Er weiss wohl, dass er ein Recht auf den Empfang von £ 100,000 im Clearing House hat, aber er braucht diese Summe nicht in Geld zu empfangen. Das Geld würde für ihn nutzlos sein, es würde ihm keinen Vortheil bringen. Statt dessen findet er Darlehnssucher, welche Mittel zum Betriebe von Geschäften suchen. Er veranlasst sie, Güter, die sie im Auge haben, zu kaufen und sie mit Checks zu bezahlen, die auf seine Bank gezogen sind. Die Geschäfte werden gemacht; die Checks werden von den Verkäufern der Güter zu seinen Lasten in's Clearing House gesandt, werden denen gegenüber gestellt, welche sein Guthaben ausmachen, und die ganze Sache findet ihren Abschluss darin, dass er einen Check von £ 50 auf die Bank von England davonträgt.

Die Natur des Bankgeschäftes erscheint uns jetzt um Vieles klarer. Der Banquier ist ein Mann, der Schuldforderungen gewisser Personen an sich bringt, und die Eingänge zur Gewährung von Darlehen an andere Personen wieder ausgiebt. Er lässt sich Schuldforderungen von seinen Kunden übertragen und erwirbt Schuldforderungen an die Empfänger seiner Darlehen. So handelt er mit Schuldforderungen. Dem Namen nach handelt er mit Geld, weil alle diese Forderungen auf Geld lauten; aber der That und Sache nach handelt er mit Geld, welches geschuldet aber nicht zur Hand genommen wird, mit Forderungen und Schulden, die von dem Conto des Einen auf das des Anderen überschrieben werden. Ich habe daher in meinen Vorlesungen über die Natur des Geldes, eine Bank als eine Einrichtung zur Uebertragung von Schuldforderungen bezeichnet, und die Definition ist ganz richtig. Aber es kann noch eine bessere gegeben werden, welche die wahre Natur einer Bank, ihre wesentliche Thätigkeit in helleres Licht stellt und die Aufmerksamkeit von den Bewegungen ihres Mechanismus abzieht, von ihren Papier-Eingängen und Papierzahlungen bei geringer Betheiligung von Gold und sie auf thatsächlich von ihr bewirkte Erfolge stellt. Diese Definition soll von der Hauptfrage ausgehen, wie diese Schuldforderungen, welche die Eingänge und Hülfsquellen einer Bank ausmachen, und wie jene anderen von ihr selbst begründeten Schuldforderungen im Weltverkehr entstehen? Zur richtigen Erfassung dieser grundlegenden Materie ist eine blosse Behandlung des Geldwesens in Verbindung mit dem Bankwesen ein recht übel angebrachter Weg. Im gewöhnlichen Leben heisst es immer von den Banken, das Geld sei flüssig oder knapp es sei theuer oder billig. Freilich ist diese Sprache von Männern geführt worden, die man als grosse Autoritäten betrachtet, dennoch ist sie sehr ungenau und unwahr. Es ist eine gedankenlose Abkürzung, Nichts als die Krämer-Sprache der City. Der Umfang der Bankgeschäfte kann ungeheuer wachsen oder abnehmen ohne irgend eine Aenderung im Betrage des umlaufenden Geldes. Wenn Banken viel auszuleihen haben, so ist es nicht Gold oder baares Geld, denn das ist nicht das eigentlich geliehene Ding, sondern etwas Anderes, auf dessen Entdeckung wir ausgehen müssen. Aber, wenn das Geld als wohlfeil oder theuer bezeichnet wird, so drücken die Worte eine Unwahrheit aus, denn Geld (Sovereigns) ist theuer und billig, einzig je nach dem das dazu verwandte Gold als Waare auf dem Metall-Markte billiger oder theuerer ist. Was die City eigentlich im Auge hat, bezieht sich auf Gelddarlehen, die billig oder theuer sind; aber die für die Nutzung einer Waare geleistete Zahlung ist etwas ganz anderes, als der Preis der Waare selbst. Die Miethe eines Jagdpferdes, um es einen Tag zu reiten, ist nicht das Jagdpferd selbst.

Nun wie entstehen denn Checks und Wechsel? Sie sind ein Erzeugniss der Verkäufe. Freilich kommen auch nicht selten Checks oder Wechsel vor, welche die Banken untereinander ausstellen, und welche nicht das unmittelbare Erzeugniss des Güterabsatzes sind; aber die kommen hier nicht in Betracht. Sie dienen lediglich zur Vertheilung des allgemeinen Baarschatzes unter die verschiedenen Banken. Der Ursprung dieses allgemeinen Baarbestandes ist etwas, das wir in die vorliegende Untersuchung mit hinein nehmen. Diese papiernen Urkunden — jede von ihnen — weisen ursprünglich auf den Kauf und die Bezahlung von Eigenthum hin, sei es durch Ueberweisung einer Schuld, sei es durch das Versprechen späterer Zahlung. Jeder, der seinem Banquier einen Check bringt, hat zuvor etwas verkauft und beauftragt nun seinen Banquier, die Zahlung für ihn zu vereinnahmen; dann umgekehrt kauft er und weist den Banquier an, auf das Geschäft mit dem von ihm niedergelegten Check die Zahlung zu leisten. Leute, die ihr Einkommen in Checks oder Coupons empfangen, — ohne selbst Verkäufe vorgenommen zu haben — fallen unter das allgemeine Gesetz. Wenn ihr Einkommen von einer Pachtrente herrührt, oder einer Eisenbahn-Dividende, oder einer Rente fundirter Englischer Staatspapiere (consols) — überall derselbe Fall, die Entstehung des Checks ist an die Veräusserung von Eigenthum gebunden; Korn und Heu, oder ein Sitz im theuren Eisenbahnwaggon oder Güter, die zur Entrichtung von Steuern dienen; sie sind alle verkauft worden; da giebt es keine Ausnahme. Die Schlussfolgerung ist klar; das Umsatzmaterial der Banken geht aus dem Verkaufe von Gütern hervor, deren Kaufpreise sie vereinnahmen. Anderer Seits weisen die Gegen-Checks im Clearing House auf den gleichzeitigen oder ungleichzeitigen Ankauf von Gütern hin. Es liegt nun auf der Hand, dass diese Checks, deren Ausstellung der Banquier den Darlehenssuchern erlaubt hat, und die die Macht gewähren, die zweiterwähnten Güter zu kaufen, die nothwendige Folge des Verkaufs jener ersten Güter sind, für die der Verkäufer einen Check empfangen und ihn seinem Banquier übergeben hatte. So kommt schliesslich die Hauptwahrheit zu Tage, dass eine Partie Güter gegen eine andere ausgetauscht worden ist — dass Güter die Güter gekauft haben — dass der Banquier gerade wie ein Sovereign verfahren hat, zum Werkzeug geworden ist, zu einem Instrumente des Gütertausches. Er überträgt werbende Kraft, welche er in Gestalt einer Forderung, die er einziehen soll, empfängt und in Gestalt einer Forderung, die er begründet, weiter begiebt. Diese werbende Kraft wohnt in den mittelbar oder unmittelbar von dem Deponenten der Bank verkauften Gütern. Der Verkauf von Korn seitens des Deponenten hat den Banquier in die Lage gesetzt, den Kaufmann zum Ankauf von Thee zu ermächtigen.

Selbstverständlich folgt aus diesem Vorgange, dass derjenige, welcher die zur Einziehung stehende Schuld deponirt, nicht eben so viel kaufen darf, als er verkauft, denn dann würde der Banquier Nichts auszuleihen haben. Die Gegen-Checks im Clearing House würden seinem eigenen Deponenten gehören; er könnte in solchem Falle sich nicht nach einem Darlehnssucher umsehen und einen Vortheil aus dem von ihm negociirten Darlehnsgeschäfte ziehen. Er hätte dann nicht ein Bankgeschäft, sondern lediglich eine Incasso-Agentur. Indem der Landwirth nicht bis zum vollen Werthe des von ihm verkauften Kornes Ankäufe macht, gewinnt der Banquier die Mittel, den Kaufmann zum Einkauf von Thee zu ermächtigen; mit anderen Worten, Korn gegen Thee auszutauschen.

Die für das Korn gegebenen Checks erscheinen im Clearing House zu Gunsten des Banquier; gegen ihn lauten die vom Landwirthe gezogenen Checks, mit denen dieser gekauft hat, desgleichen die anderen vom Thee-Kaufmann auf den Banquier gezogenen Checks, wozu Letzterer ihn ermächtigt hatte. Diese zwiefachen, auf die Bank gezogenen Checks zusammengenommen, werden den Betrag des Checks nicht erreichen, welchen der Landwirth ihr eingeliefert hat; er reservirt sich gern einen Theil, damit derselbe als Baarbestand in der Bank bleibt. Davon gleich mehr.

Damit ist die Natur des Bankgeschäfts völlig klar gestellt; durch seine Thätigkeit ist Korn gegen Thee getauscht worden; das war seine Aufgabe. Beide Artikel sind in andere Hände gelangt. Die Bank ist zur Befriedigung dieses Bedürfnisses erfunden worden. Die beiden Gegenstände, Korn und Thee, und zwei Forderungsrechte — das eine zu Gunsten des Landwirths, das andere zu Gunsten des Banquiers — machen die ganze Sache aus. So sehen wir, dass die Bank eine vermittelnde Thätigkeit übt und jedesmal von zwei Personen wie dem Landwirthe und Theekaufmanne in Thätigkeit gesetzt wird; und so gelangen wir unter Zugrundelegung thatsächlicher Vorgänge zu der Definition, dass der Banquier der kaufmännische Vermittler zwischen zwei Hauptpersonen ist. In unserem gesetzten Falle ist die eine Hauptperson der Landwirth. Er hat Korn verkauft und das giebt ihm die Macht zu kaufen. Einen Theil dieser Macht verwendet er selbst zur Anschaffung von Vorräthen für seine Wirthschaft; das Uebrige will er etwa in den nächsten drei Monaten nicht selbst benutzen. Er möchte diesen Ueberschuss an werbender Kraft gern einem Darlehnssucher leihen, der ihm persönlich zusagte, aber er zieht die Benutzung eines Agenten vor, den man Banquier nennt, und veranlasst ihn, den Mann auszusuchen, dem diese werbende Kraft für drei Monate geliehen werden kann. Die Ausführung übernimmt der Banquier und wählt einen Thee-Kaufmann, der Thee kaufen möchte, aber nicht die bereiten Mittel hat. So ist der Landwirth der eigentliche Darleiher; der Banquier ist der Vermittler, der einen Darlehnsnehmer findet und ihn in unmittelbare Verbindung mit dem Landwirthe setzt. Der Banquier ist die Mittelsperson zwischen den beiden Hauptpersonen, dem Landwirthe und dem Theekaufmanne, und der Artikel, mit dessen Vertrieb der Banquier als Mittelsperson befasst ist, grade wie Zucker in Mincing Lane, ist werbende Kraft in Gestalt einer zur Einziehung stehenden Forderung. Da ist auch nicht ein Shilling baaren Geldes nöthig, der bei der Sache gebraucht würde, obwohl man bei ihrer Abwicklung viel Shillinge und Pfunde im Munde geführt haben mag.

Der grosse Werth dieser Definition vom Bankgeschäfte besteht darin, dass sie die charakteristische Eigenthümlichkeit des Banquiers an's Licht zieht, seine rein vermittelnde Thätigkeit als Agent. Sein Geschäft besteht gerade wie bei der Münze nur darin, Eigenthum in verschiedene Hände zu vertheilen.

Diese Analyse lehrt uns ferner die grosse Wahrheit, dass die bedeutenden Erscheinungen im Bankwesen, als da sind Ueberfluss und Mangel an Verkehrsmitteln, seine günstige oder ungünstige Lage bei Unterstützung des Handelsverkehrs, niedriger oder hoher Zinsfuss, Paniken und Krisen, nicht in den Banken und Banquiers zu suchen sind, sondern in der Vermögenslage eines Landes und deren Einfluss auf die von der Bank in Verbindung gesetzten Hauptpersonen. Keine Wahrheit steht so im Mittelpunkte des Bankwesens und des Geld-Marktes wie diese, keine sollte tiefer der Handelswelt und dem Geiste jedes Banquiers eingeprägt werden. Wohl ist die Rolle, die ein geschickter Banquier im Bankgeschäfte spielt, eine sehr einflussreiche. Er ist es, der die Leute aussucht, deren Händen Werthe anvertraut werden, die seine Thätigkeit in Fluss gebracht hat. Weder erzeugt er die Güter, welche seine Depositengläubiger verkauften, noch wirkt er auf jene anderen Vermögenswerthe ein, die seine Darlehnsschuldner erwerben; aber es fällt schwer in's Gewicht, was es für Leute sind, denen er durch Darlehen die Mittel zum Kaufen gewährt, indem er sie zur Ausstellung von Checks auf seine Bank ermächtigt. Von ihm hängt es hauptsächlich ab, ob Derjenige, welcher aus dem Volksvermögen Werthe empfängt, sie weise verwendet und erhält, indem er sie als Capital bei Geschäftsoperationen verwendet, die sie zwar verzehren aber auch neu erzeugen, oder ob der Empfänger sie vergeudet und in verschwenderischen Ausgaben verschleudert, oder in unverständigen Unternehmungen, oder in unbedachten Bergwerksspekulationen, oder im Bau von Eisenbahnen in uncultivirten Gegenden, welche für eine lange Reihe von Jahren dem Lande nicht die Nahrung, Kleidung und die Materialien wiedererstatten können, die ihr Bau gekostet hat. Darin besteht der einzige Wirkungskreis eines Banquiers, in der Auswahl der Leute, denen das Volksvermögen anvertraut werden soll; und das ist von grosser Bedeutung. Er besitzt kein Capital, obwohl die ganze Handels- und Geld-Litteratur den Banken Capitalbesitz zuschreibt. Posten und Namen in ihren Büchern, Checks im Clearing House, Forderungen ihrer Depositen-Gläubiger, Forderungen der Banquiers an Diejenigen, welche von ihnen Darlehen, sei es gegen Wechsel, erhalten haben, das sind weder Güter noch Capital. Unkörperlicher Besitz ist eine reine Fiktion, es sei denn im Sinne eines gesetzlich begründeten Rechts — das heisst einer Zusammenstellung gesprochener oder geschriebener Worte, welche einen Gerichtshof zur Anweisung des Sheriffs bestimmen, eine Partei in den Besitz von Gütern und Sachen zu setzen. Wäre ein Rechtsanspruch auf Vermögenswerth der Vermögenswerth selbst, wäre ein Pfandrecht auf eine Liegenschaft die Liegenschaft selbst, dann würde man die Handelswissenschaft und politische Oekonomie sofort als werthlosen und zeittödtenden Unsinn in den Papierkorb zu werfen haben.

Aber höre ich sagen, wenn die Bank-Bilanzen als Capital

bezeichnet werden, so meint man damit, dass disponibles National-Capital, welches Verwendung sucht, im Ueberflusse oder spärlich vorhanden sei. Aber was ist das dann für eine missbräuchliche und irreleitende Ausdrucksweise? Muss die politische Oekonomie nicht schon genug seufzen unter der Last gewöhnlicher Worte, denen man sich abmüht, einen besonderen Sinn unterzulegen? Warum die Aufmerksamkeit auf die Banken lenken, als wären sie Capitalseigner, anstatt auf ihre beiden Hauptpersonen, den Landwirth und seine Depositenbrüder und auf die Ursachen, von denen sie bestimmt werden, einen grösseren oder geringeren Theil ihrer Eingänge aus den Verkäufen in ihres Banquiers Hände zu legen und auf Diejenigen, welche den Besitz von Vermögenswerth mittelst jener, den Banken entliehenen werbenden Kraft ergriffen haben, mögen sie nun zur Vermehrung oder Minderung der so zu ihrer Disposition gestellten Vermögenswerthe beitragen? Es ist das eine sehr wichtige Sache; denn von ihr hängt es ab, ob die Welt jemals ein Verständniss für das Wesen des Geld- und Bank-Verkehrs gewinnt. Wessen Ohren von derartigen Wortphrasen klingen, wird selten mit den wirkenden Kräften in der Welt des Bankgeschäftes vertraut werden.

Der Banquier ist der Zwischenträger zwischen zwei Hauptpersonen, aber er unterscheidet sich in einem wichtigen Punkte von dem gewöhnlichen Makler. In Mincing Lane findet der Makler einen Käufer für den Theekaufmann; dann ist seine Thätigkeit zu Ende. Er bezieht eine Commissionsgebühr für den von ihm geleisteten Dienst und tritt ab. Nicht so der Banquier: seine Aufgabe begreift mehr und das führt zu weitreichenden Folgen. Er garantirt die Zahlungsfähigkeit des Darlehnsnehmers, welchen er für den Deponenten findet. Er wählt Denjenigen aus, der an Stelle des Landwirths kaufen soll, und nennt nicht einmal seinen Namen. Das Deposit an werbender Kraft gelangt ganz in seine eigenen Hände aber unter einer sehr wichtigen Bedingung, dass er es dem Deponenten auf Verlangen erstatten muss.

Er hat dem Theehändler die Mittel geliehen, welche dem Landwirthe gehören, und der Landwirth kann sie jeder Zeit zurückfordern. Dieser Umstand bildet ein schweres Bedenken. Es ist unmöglich, dass ein Theehändler, geschweige ein Manufakturist, Thee oder Baumwolle mit Fonds anschaffen könnte, deren Rückzahlung jeden Augenblick von ihm gefordert werden könnte. Unter solchen Umständen würde das Bankgeschäft, soweit es den Geschäftsleuten Mittel gewährt, ohne praktischen Werth sein: der Banquier würde in die Nothwendigkeit versetzt werden, die werbende Capitalskraft des Landwirths durch Ankauf von Schatzkammerscheinen oder Staatsobligationen anzulegen, von denen sich annehmen lässt, dass sie jeder Zeit ohne drohenden Verlust wieder verkauft werden können. Aber die Erfahrung lehrt ihn, dass er einem solchen Zwange nicht unterliegt. Er sieht, dass in gewöhnlichen Zeiten und bei einer grossen Zahl von Depositen-Gläubigern Ansprüche auf unmittelbare Rückzahlung von Depositen einem allgemeinen Durchschnittssatze unterworfen sind, auf den er sich mit Sicherheit verlassen kann, und dass diese Durchschnittszahl weit hinter seinen Eingängen zurückbleibt. Wenn ein Depositengläubiger unvermuthet sein Guthaben einzieht, so sieht man wieder andere Deponenten auftreten, bei denen die Gefahr fern liegt, dass sie durch Ausstellung von Checks frühzeitig Zahlung verlangen werden. Auf diese erfahrungsmässige Thatsache darf der Banquier dasselbe Vertrauen setzen, mit welchem eine Lebens-Versicherungs-Gesellschaft auf Durchschnitts-Tabellen der Sterblichkeit baut; und ferner gewinnt er von seinen Deponenten die Ueberzeugung, dass sie durchgehends eine günstige Bilanz in seinen Händen lassen werden.

Dies Schwanken in der Zahl der von seinen Deponenten auf ihn gezogenen Checks setzt den Banquier jeder Zeit der Gefahr aus, an einem gegebenen Tage mehr zahlen zu müssen, als er vereinnahmt, und das zwingt ihn, sich für alle Fälle mit einem gewissen, jeder Zeit bereiten Kassenbestande vorzusehen. Er ist folglich nicht in der Lage, Alles, was er vereinnahmt, auszuleihen. Er kann Darlehnssucher nicht ermächtigen, Checks auf ihn bis zum vollen Betrage dessen, was er zu vereinnahmen hat, zu ziehen. Die Differenz wird ihm in baarem Gelde zufliessen. Dies baare Geld verwahrt er als Reserve für unvorhergesehene Anforderungen. Diese Reserve gewährt ihm Hülfe gegen die Gefahr, zur Zahlungseinstellung schreiten zu müssen, wenn er nicht mehr im Stande ist, seine Darlehen eben so rasch zurück zu erhalten, als seine Depositengläubiger Zahlung verlangen. Es mag sich dabei, und in der That liegt der Fall fast immer so, nur um Aufschub handeln. Er hat für längere oder kürzere Zeit ausgeliehen. Die Wechsel, welche er diskontirt hat, mögen vollkommen gut sein, aber sie sind noch nicht fällig. Er mag bedeutendes Vermögen besitzen, aber es ist für den Augenblick nicht disponibel, oder der Mann, dem er ein Darlehen gegeben hat, ist nicht pünktlich in der Rückzahlung. Die Sicherstellung gegen diese, dem modernen Bankwesen innewohnende Gefahr ist Aufgabe der Reserve.

Der Umfang der Reserve, mit der die Klugheit jedem Banquier empfiehlt sich vorzusehen, ist eine Frage von grosser praktischer Bedeutung. Die Reserve hat eine Verminderung des Bankgewinnes zur Folge; Münze und Banknoten sind nicht in Benutzung, sondern werden auf Lager gehalten; er hat also ein entschiedenes Interesse, diese Reserve möglichst klein zu bemessen. Die oberste Rücksicht ist nur Sicherstellung. Wie gross muss also die Reserve sein, die der Banquier unterhält? Es wird das je nach den besonderen Verhältnissen einer Bank verschieden sein. Wird die Bank von reichen Grundbesitzern und soliden Landleuten in ruhiger ackerbautreibender Gegend versorgt, deren Bewohner ordentlich und wohlbekannt sind, so wird sie bei einer ausserordentlich geringen Reserve gesichert sein. Eine Bank in London oder New-York, deren Deponenten in weitaussehenden kaufmännischen Unternehmungen verwickelt und schweren und plötzlichen Verlusten ausgesetzt sind, mit entfernten Märkten in Handelsverbindung stehen und unerwarteten Conjuncturen ausgesetzt sind, solch eine Bank wird einer Reserve von weit grösserem Umfange bedürfen, je nach dem Umfange der von ihr vermittelten Geschäfte. Da lässt sich keine feste Regel für die Höhe ihrer Reserve aufstellen; es ist das Sache urtheilsvoller Einsicht jedes einzelnen Banquiers. Aber unter allen Umständen — und das bleibt die Hauptrücksicht — Sicherstellung, Vorsorge, dass nicht eines Tages bei dringender Forderung der Depositengläubiger das baare Geld fehlt, das ist der einzige Grund für Haltung, das einzige Gesetz für richtige Handhabung einer Reserve. Es lässt sich kein andrer Grund angeben, der auch nur einen Augenblick der Betrachtung werth wäre. Alles, was man zur Unterstützung einer Reserve vorgebracht hat, welches andere Gesetz für die Reserve sprechen soll, läuft schliesslich auf die Lächerlichkeit der Merkantil-Theorie hinaus, dass es eine Wohlthat für ein Land sei, Gold um des Goldes willen in's Land zu führen, um es gleich Geschmeide zu verwahren, das man in den Schrank schliesst und nicht benutzt — während es doch mit schweren Kosten angeschafft worden ist und zu gänzlicher Unbrauchbarkeit verdammt wird, soweit es die Nachfrage nach kleinem Gelde, dessen die Gesellschaft bedarf, und die Anforderungen an eine Reserve von verständigem Umfange übersteigt.

In einem Lande wie England, dessen Handel sich über die ganze Welt ausbreitet und nothwendig gegen die wechselnden Verhältnisse vieler Länder ankämpfen muss, gegen schlechte Ernten, Kriege, die den Gewerbefleiss lähmen, auswärtige Erschütterungen, die den Zufluss eines hervorragenden Industrie-Artikels, wie es z. B. die Baumwolle ist, abschneiden, müssen die Geschäfte auf- und abwogen und mit dem Handel zugleich die disponiblen Fonds der Banken. So wird die Erhaltung des Gleichgewichts zwischen Eingängen und Ausständen zu einer Thätigkeit, die von jedem Banquier bedeutende Einsicht und Geschicklichkeit erheischt. Seine Reserve muss je nach den Zeitverhältnissen ausserordentlich wechseln. Natürlich muss er mit eifersüchtigem Auge darüber wachen. Seine Reserve ist aus Gold und Noten zusammengesetzt; und wenn er sie in Abnahme begriffen findet, was ist natürlicher, als dass er zu dem Glauben kommt, es seien zu wenig Noten und Gold in Umlauf? Gebt England mehr Gold, rufen seine Banquiers, und seine Reserven werden vollauf sein: setzt mehr Gold und Noten in Umlauf, rufen Kaufleute in England und Amerika mit Beben aus, und die Banquiers werden mehr und zu billigeren Sätzen auszuleihen haben. Das sagt in der That nichts Anderes, als übt Einwirkung auf drei Hunderttheile des Bankumsatzes, dann wird es die Menge auszuleihen geben und das Diskontiren wird leicht von Statten gehen, ganz einerlei, ob das Bankwesen einer einzelnen Stadt seine Geschäfte bis zum Betrage von Hundert Millionen Pfund die Woche ohne Geld abwickeln kann. Solch' einer Lehrmeinung steht die Albernheit auf der Stirn geschrieben. Es ist thatsächlich erwiesen, dass grosse Reserven und eine Vermehrung der Umlaufsmittel oft von einer Klemme des Bankverkehrs und von hohem Zinsfusse begleitet werden. Das Gold einer Bank kann nicht verliehen werden und wird trotz dringender Bedürfnisse der Kaufleute nicht verliehen. Diese Thatsache ist Jedem begreiflich, der Verständniss für die Natur des Geldes hat. Münze und Noten sind für diejenigen Geschäfte Bedürfniss, die mit ihrer Hülfe ausgeführt werden; und das sind verschwindende Kleinigkeiten im Vergleiche zu den Geschäften, die das Bankwesen zur Ausführung bringt. Die Geschäfte begreifen im einen wie im andern Falle den Gütertausch; und wir müssen die Ursachen jener schlechten Zeiten und des hohen Diskontos in Ereignissen suchen, die mit den Gütern, mit dem Eigenthumsbesitze in Zusammenhang stehen und nicht in solchen, die sich auf die zur Vertheilung des Eigenthums dienenden

Werkzeuge beziehen, mögen diese nun aus Metall oder Checks bestehen. Kommt mehr Gold aus Australien, oder wird eine grössere Menge von Noten ausgegeben, so fliesst beides, sofern nicht eine auf das Bedürfniss gegründete ausserordentliche Nachfrage besteht, in die Gewölbe und Kassenbehälter; es kann und wird nicht ausgegeben, von welcher Bedeutung auch die Klemme auf dem Geldmarkte sein mag. Aber das ist eine Thatsache, deren Erkenntniss die Wortführer in Bankkreisen beharrlich von der Hand weisen. Es ist durchaus möglich — und es ist immer und immer wieder vorgekommen — dass sowohl ein sehr knapper Geldmarkt mit hohem Zinsfusse, wie ein flüssiger Geldmarkt mit sehr niedrigem Zinsfusse mit demselben Betrage an umlaufendem Gelde oder an Baar-Reserve zusammentrifft. Das Gold fliesst zu und ab, je nachdem es die Handels-Bilanz oder die Zahlungsverbindlichkeiten des Auslandes mit sich bringen, oder je nachdem der Bergbau gerade eine geringere oder grössere Menge nach England schickt; und doch laufen gerade diese Umstände nicht selten Ein Mal neben einer Klemme, dann wieder neben heiterer Stimmung in der City her.

Die Hauptsache, die ein Banquier im Auge haben muss, wenn er eine Uebersicht über den gegenwärtigen Stand und die künftigen Aussichten der mit dem Bankwesen beschäftigten Kreise gewinnen will, liegt nicht in der Erfassung isolirter Vorgänge, wie sie sich in Zu- und Abnahme seiner Reserve darstellen, sondern in den Potenzen, welche auf die Reserve Einfluss üben. Nicht die ziffermässige Grösse seiner Reserve ist es, die ihm Einsicht verleiht, die Ursachen sind es, die auf seine Eingänge und Ausstände wirken. Das Bankgeschäft besteht wesentlich in der Umwandlung von Einnahmen in Darlehen: worin seine Eingänge bestehen und verständiger Weise bestehen müssen, welche Darlehen er ohne Gefahr ausgeben kann, und wie seine Lage rücksichtlich der schon von ihm gegebenen Darlehen und ihrer Rückzahlung ist — eine solche Untersuchung wird den Banquier über seine Lage aufklären. Wenn das Bankgeschäft in Einer Woche an demselben Platze mehr als Hundert Millionen Pfund Eigenthumswerth mittelst Darlehen in Papier umschlägt, so ist die Behauptung ganz ungereimt, dass seine Operationen, deren Sicherheit oder Unsicherheit, sein Ueberfluss oder Mangel an Mitteln auf das Dasein oder Nichtdasein von ein oder zwei Millionen Gold in den Behältern der Bank von England zurückzuführen seien. Angenommen, es findet aus irgend welchem Grunde ein Panik-Rennen an die Bank statt, so übt eine in Vorrath gehaltene Million einen ungeheuren Einfluss, wie sich das kürzlich bei der Bank von San Francisco gezeigt hat — und ich gebe gern zu, dass, wenn es sich um Vermehrung des Goldbestandes handelt, um einem Panik-Rennen die Stirn bieten zu können, kein Wort gegen die kluge Maassnahme einer Reserve zu sagen ist. Bis zu dieser Ausdehnung muss stets Reserve gehalten werden: das Geld ist dann wirklich in Arbeit, gerade wie Münze in der Kasse eines Laden-Kaufmannes dazu dient, den Kunden zu wechseln. Und wenn die Sprache der City-Artikel und national-ökonomischen Journale nur das bedeutet — dass es sich um die Gefahr eines Panik-Rennens an die Bank und darum handelt, einem Geldmangel vorzubeugen — so ist das rationell und logisch und keinem Einwurfe ausgesetzt, ausser es handelte sich um die richtige oder unrichtige Auffassung thatsächlicher Verhältnisse. Aber es ist ja notorisch, dass die Weisen des Geldmarktes das nicht meinen. Sie meinen, dass das Gold in der Bank von England eine Zu- und Abnahme erfahre und erfahren müsse, um als Regulator des Zinsfusses zu dienen, nicht um der gefährdeten Sicherheit der Bank willen und um den an sie gestellten Zahlungsforderungen Halt gebieten zu können (das wäre ja zu lächerlich zu schreiben, wenn die Schuldner der Bank gut sind und ihr Vermögen ungeschädigt ist) — sondern um des Vertrauens willen, oder weil man einer festen Regel bedürfe, und sollte man sie aus dem Daumen saugen, oder aus einem anderen unwissenschaftlichen und willkürlichen Grunde. Die Umstände, welche eine Bank hauptsächlich zu berücksichtigen hat, sind die Lage, in der sich ihre Depositengläubiger, und die Lage, in der sich ihre Darlehnsschuldner befinden. Steht eine Zunahme oder Abnahme der Depositen zu vermuthen, sind bei einer Nation Gewinne und Verluste an der Tagesordnung, die auf diese Depositen einwirken, sind die Darlehen und Vorschüsse der Bank gesichert, oder sind sie Personen gemacht worden, die das damit erworbene Eigenthum beschädigt oder verbracht haben? Sind die Bankschuldner gut, werden sie die Darlehen eben so rasch zurückzahlen, als die Depositen-Gläubiger Checks auf die Bank ziehen? Darum dreht sich Leben und Sterben für einen Banquier und nicht darum, ob seine Reserve ein wenig stärker oder schwächer ist. Die Menge des Goldes kann an und für sich diese Fragen nicht beantworten. Die Antwort lässt sich nur von den Kräften herleiten, die auf die beiden Hauptpersonen einwirken, in deren Mitte der Banquier steht.

Neuerdings, im Juni 1875, war der Geldmarkt von London einer wirklichen Panik sehr nahe. Die grossen Joint-Stock-Banken der City liessen verlauten, dass sie Verluste erfahren hätten, die allein bei Einer von ihnen auf etwa Eine halbe Million geschätzt wurden. Diese üble Lage fand bald nachher ihre thatsächliche Bestätigung in der halben Höhe ihrer gewöhnlichen Dividende und in der Absetzung ganz bedeutender Summen auf das Verlust-Conto. War es der Mangel an Gold in der Bank von England, der diesen Banken solchen Schaden und so bedrängte Lage brachte? Gerade im Gegentheil — die Reserve in der Bank war aussergewöhnlich hoch — höher als zehn Millionen — in wenig Tagen wuchs sie auf mehr als dreizehn. Die wahre Ursache lag auf dem Gebiete des Bankgeschäfts, nicht in dem todten Brachliegen des eitlen Goldes. Das Uebel lag im Wechselverkehr — im Bankgeschäfte auf einem lediglich der Controle der Banquiers unterworfenen Gebiete — im Ausleihen ihrer Depositen. Sie hatten eine grosse Menge von Vermögenswerth umgesetzt und, wie es hiess, schlechte Wechsel diskontirt. Mit andern Worten, ihr Bankgeschäft war schlecht betrieben worden. Sie hatten von ihren Deponenten werbende Kraft empfangen, die sie auf unsolide Borger übertragen hatten. Diese Borger hatten mit diesen Mitteln Eigenthum erworben und es dann durchgebracht oder verloren und konnten den Banken ihre Darlehen nicht zurückzahlen, während die Banken ihren Depositen-Gläubigern auszahlen mussten. Was hat das Gold in der Bank von England, sei es viel oder wenig, mit dieser Störung zu schaffen, mit deren Ursache oder Heilung? Gold war im Ueberflusse vorhanden — es nahm zu, als die unglücklichen Verhältnisse zu Tage kamen, und der Geldmarkt war in grosser Aufregung — der Zinsfuss, statt zu steigen, fiel — aber die Banken verloren ungeheure Summen. Statt ihren Aktionairen Dividende zu zahlen, leisteten sie damit ihren Depositen-Gläubigern Zahlung — und so endete die Sache. Der Stand der Reserve kam nirgendwo in Betracht.

Ohne Zweifel ist es schwer, ein so ausgebreitetes Feld, wie es das kommerzielle Leben einer Nation ist, deren Handel die ganze Welt umfasst, zu durchforschen, und doch ist ein sicheres Bankgeschäft nur auf diesem Grunde möglich. Wenn die Englischen Banken mit Einnahmen und Ausgaben befasst sind, die von Handels-Conjunkturen etwa in „China oder Peru“ abhängen, so müssen die Banquiers die auf ihr Geschäft bezüglichen Verhältnisse des Auslandes studiren, oder sie müssen, um nicht Spiel zu treiben, es abbrechen. Das Gold an sich giebt darüber keine Aufklärung; es wird weder für ihre Sicherheit, noch dafür sprechen, dass sie in Gefahr sind.

Aus diesen Betrachtungen kann man den Schluss ziehen, dass es von grösserer Bedeutung ist, sein Augenmerk darauf zu richten, ob die Reserve Neigung verräth, sich zu vergrössern oder zu vermindern, als auf ihren augenblicklichen Betrag. Die Frage, auf die es ankommt, ist immer, welchen

Umfang die Abnahme erfahren wird, in welchem Maasse die Zahlungsanforderungen der Depositen-Gläubiger und das Säumen der Darlehnsschuldner in Erfüllung ihrer Verbindlichkeiten fortschreiten werden. Nicht der Umstand ist festzustellen, wie viel Geld in Umlauf gesetzt worden ist — das kann ausserordentlich verschieden sein, ohne dass es Einfluss auf das Bankgeschäft übte. Zum Beispiel ist der Umlauf im Sommer viel stärker als im Winter; mehr wird erforderlich zur Ernte und wenn das Reisen beginnt; aber wird Jemand zu sagen wagen, die Banken seien im Sommer nicht so sicher wie im Winter, oder dass dadurch eine Erhöhung des Zinsfusses in der Einen Periode, im Vergleiche zur Anderen herbeigeführt werde? Hat jemals ein vernünftiger Mann seinen Namen unter solchen Unsinn gesetzt, und sind nicht doch gerade viele dieser Umstände von City-Artikeln vorgebracht worden? Die Ursachen, welche auf die Banken einwirken, leiten sich ausschliesslich aus dem Capitale, aus dem Einflusse wachsenden oder abnehmenden Volkswohlstandes her. Das Bankgeschäft begreift die Vermittelung zwischen denen, die Nationalvermögen leihen und denen die es verleihen.

Aber von der Seite sehen es die City und die Sprecher auf dem Gebiete des Bankwesens nicht an. Sie stellen eine abweichende Theorie auf, wenn man das Theorie nennen kann, was nur aus Behauptungen zusammengesetzt ist; sie bestehen darauf, dass die Höhe der Reserve in der Bank von England nach wissenschaftlicher Anschauung wie nach der praktischen Erfahrung den Zinsfuss bestimmen müsse und bestimme. Warum, das legen sie nicht klar, noch würden sie jemals im Stande sein, es zu erklären, denn es giebt ausser ihrer Phantasie Nichts, was diese beiden Thatsachen als Ursache und Wirkung mit einander verbände. Man knüpft daran immer einen gewissen geheimnissvollen Erfolg für die künftige Ausdehnung des Handelsverkehrs. Wenn nun in der allgemeinen Auffassung die Idee Platz gegriffen hat, dass ein Ausfluss aus der Bank zu einer Minderung ihrer Hülfsmittel führe und Morgen für Morgen die City-Artikel anzeigen, dass so und so viel Gold aus der Bank gegangen ist, so erhebt sich weit und breit unsinniger Lärm, der begreiflicher Weise das Unglück erst voll macht. Indem man das Nahen schlechter Zeiten wähnt, ziehen Darleiher aus dieser Stimmung Vortheil, erheben Schwierigkeiten und erzwingen härtere Bedingungen — und man gewährt sie ihnen, weil das erschrockene, handeltreibende Publikum es natürlich findet, dass es mehr bezahlen soll. Man begreift, dass die Direktion der Bank von England sich wohl überlegt darüber schlüssig zu machen habe, bei welchem Punkte die Bank in wirklicher Gefahr schwebt, den Anforderungen an Gold nicht genügen zu können, obwohl ich nicht glaube, dass sie seit vielen langen Jahren etwas derartiges gethan hat. Aber falls begründete Annahme vorliegt, dass die gefährliche Grenze längst überschritten ist — wenn das Verhältniss der Reserve zu den Verbindlichkeiten bedenklich hohe Ziffern erreicht hat — dass in solchem Falle der Verlust von ein oder zwei Millionen Gold an und für sich ohne Rücksicht auf die wirkenden Ursachen irgend welchen Einfluss auf den Diskont ausüben und das Verlangen höherer Zinsen rechtfertigen sollte, ist eine ganz unerweisliche und unvernünftige Behauptung. Sie kann nicht den geringsten Anspruch auf Wissenschaft oder Sachkenntniss machen. Es ist ein bequemer und einträglicher Glaubenssatz der Banquiers; den Kaufleuten wird der Glaube beigebracht, als sei das ein in der Natur der Dinge begründetes Gesetz; sie fallen ihrem eigenen Fehler zum Opfer, weil sie es nicht vorziehen, selbst zu denken und zu untersuchen.

Werfen wir nun den Blick auf eine nicht minder lehrreiche Thatsache. In England ist die Einfuhr sehr merklich im Steigen über die Ausfuhr und sogar in wachsender Steigerung begriffen. Das kann nicht das Resultat des gewöhnlichen Handelsverkehrs sein, denn der bleibt immer ein Austausch gleichwerthiger Gütermassen; doch aber ist es möglich, dass in einem gewissen Zeitpunkte der Eine von beiden Theilen seinen Antheil nicht geliefert hat, und dann geht zeitweise, wenn man mehr empfängt als man abgiebt, die Gleichmässigkeit in der Uebernahme von Schuldverbindlichkeiten verloren. Das Uebergewicht des Imports ist augenscheinlich die Folge davon, dass England fortdauernd seinen Platz als Gläubiger einem grossen Theile des Auslandes gegenüber behauptet. Vorschüsse jeder Art und ausserhalb angelegtes Vermögen, deren Interessen regelmässig einkommen, sind die Veranlassung, dass England mehr empfängt als es fortgiebt. Nun kann dieser Ueberschuss des Imports zweierlei Form annehmen: es kann in Gold oder in Gütern nach England geschickt werden. Kommt es in Gütern ein, so nimmt das Nationalvermögen zu; man hat dann ein grösseres Einkommen zu verzehren oder als Anlagekapital in der Industrie zu verwenden. Geht es in Gold ein, so wandert es sofort in die Kellerräume der Bank. Leuchtet es nicht dem gewöhnlichen Menschenverstand ein, dass diese die Ausfuhr übersteigende Einfuhr von Gütern es ist, die England bereichert, dass die Einfuhr von Gold genau dasselbe ist, als empfange es Nichts, denn Gold in einem Gewölbe, sofern es nicht einem wirklich nützlichen Zwecke dient, ist nicht mehr werth, als ein Haufen Kieselsteine. Aber es dient ja einem nützlichen Zwecke, wird man sagen, es macht die Bank widerstandsfähiger; aber was heisst das anders, als dass das Bankwesen in der Aufspeicherung von Gold und in nichts Anderem besteht? Das thätige Menschenleben denkt anders: die Einfuhr erfolgt in Gütern. England verlangt und erhält Güter, nicht eine Maschinerie, sie in Verkehr zu setzen, weder in Münze noch in Banken, wohin auch der Wunsch Derjenigen gehen mag, die da die Lehre predigen, dass Goldeinfuhr den Diskont herabsetzen werde. Und wird man denn niemals einsehen lernen, dass Gütervermehrung der Weg zu niedrigem Diskont ist? Denn, da Niemand von einer Bank anders, als zum Ankauf von Gütern borgt und Niemand bei einer Bank anders deponirt, als nachdem er überflüssige Güter, die er nicht nutzen kann, verkauft hat, so führt ein grosser Gütervorrath zu fortdauernder Vermehrung der Bestände, wie sie das Baargeschäft erfordert, und führt beim Ausleihen derselben nothwendig und zuverlässig zu günstigeren Bedingungen. Das Gegentheil tritt ein, wenn die Gütermenge, also das Nationalvermögen, zurückgeht. So erfordert eine schlechte Ernte in England schwere Einkäufe in Amerika und ist Anfangs stets von einer grossen Goldausfuhr aus der Bank begleitet. Der Diskont steigt. Da sehe man die Folge der Goldverminderung, ruft die City aus, aber dieser Schrei ist das Aeusserste, was in Unwissenheit geleistet werden kann. Das schlechte Wetter hat eine grosse Menge englischen Capitals zerstört. Was an Nahrung, Kleidung und Materialien auf den Ackerbau des Jahres verwendet worden ist, ist nicht in Korn wieder ersetzt worden. Dies Korn muss also gleichfalls von den Amerikanern gekauft, wiederum mit englischen Mitteln bezahlt werden. Die für den Anbau von Korn fruchtlos gehabten Auslagen sind zu einer ausgedehnten Capital-Zerstörung geworden; sie sind in der Ernte nicht wieder erstattet, und folglich finden die Darlehnssucher weniger Capital auf dem Leihmarkte und müssen, um es sich zu beschaffen, mehr bezahlen. Der Abgang an Gold, statt die Ursache des Uebels zu sein, dient vielmehr zu bedeutender Abschwächung desselben. Wäre nicht Gold fortgesandt worden, so würde der volle Werth des eingebrachten Kornes in Gütern abgeschickt worden sein müssen, also in Capital, und der Zinsfuss würde noch höher gestiegen sein. Die City mag über den Goldverlust trauern und die Klemme dem Verschwinden ihres geliebten Schatzes zuschreiben; sie weiss wenig davon, dass gerade die Aufsparung desselben den Bank-Diskont um ein oder zwei Procent der grösseren Reserve zum Trotz erhöht haben würde.

Das Gesetz hat allgemeine Gültigkeit. Es kann kein Gold in der Reserve der Bank von England oder irgend welcher anderen Bank untergebracht werden, es sei denn auf Kosten der Verminderung des übrigen Nationalvermögens. Eine Million Gold mehr in der Bank bedeutet stets und unter allen Umständen eine Million weniger anderes Eigenthum, andere Güter im Lande; und folglich bedingt ein Wachsen der Bank-Reserve immer einen unverkennbaren Verlust an Vermögen und Capital, wenn jenes Gold nicht erweislich einem nützlichen Zwecke dient, der die Verminderung des National-Vermögens mehr wie ausgleicht. Die Sicherheit der Bank ist solch ein nützlicher Zweck und kein anderer kann namhaft gemacht werden; aber zu sagen, die Bank sei in Gefahr, weil ihre Reserve kärglich bemessen sei, oder weil ein oder zwei Millionen herausgegangen sind oder gar einige Hunderte unter Tausenden, ist sinnloses Gerede, sofern nicht die Wahrscheinlichkeit oder auch nur die Möglichkeit vorliegt, dass die Bank zu einer Zahlungseinstellung kommen könnte.

Dass das Ausleihe-Vermögen der Bank nicht nothwendig durch Rücksichtnahme auf den Betrag ihrer Reserve gelähmt wird, ist durch die Ereignisse des schrecklichen Jahres 1866 auffallend beleuchtet worden. Am 9. Mai besass die Bank eine Reserve von $13\frac{1}{2}$ Millionen in runder Zahl und hatte $20\frac{3}{4}$ Millionen ausgeliehen. Nach dem unglücklichen Freitage des 16. Mai hatte sie 31 Millionen verliehen, während ihre Reserve auf $12\frac{1}{3}$ Millionen stand — über Eine Million weniger, als zu der Zeit, wo sie $20\frac{3}{4}$ Millionen verliehen hatte. Am 30. Mai erreichten die Darlehen die beispiellose Summe von $33\frac{1}{2}$ Millionen, und dennoch war die Reserve auf $11\frac{3}{4}$ Millionen gesunken. Die Reserve nahm ab. Angesichts dieser Thatsache, steigen die Darlehen der Bank auf eine riesige Höhe. Wo bleibt da der Lehrsatz, dass Weniger ausgeliehen werden muss wenn die Reserve herunter geht? Wird Jemand die Bank unsicher nennen, wenn sie ohne Rücksicht auf die Reserve kühn beim Ausleihen vorgeht? Nicht ein Einziger. Was wird denn da aus der schlechten Lehre, der grossen praktischen Regel, dass, wenn die Bank einige Hundert vom Tausend verliert, sie ihre Operationen einschränken und das Ausleihen erschweren und vertheuern müsse? Es ist eine wirklich unbestreitbare Thatsache, welche die wöchentlichen Bankberichte bestätigen, dass Reserven der verschiedensten Höhe neben Vorschüssen von nicht minderer Verschiedenheit herlaufen. Grosse Reserven findet man bei beschränktem Diskontgeschäfte und grosse Vorschüsse bei schwachen Reserven. Wer bloss auf den Stand der Bank-Reserve sieht, wird gänzlich ausser Stande sein, zu ermessen, wie hoch sich die Sicherheiten belaufen, wie gross die Vorschüsse sind.

Aber, erwidern die Theoretiker der City, das Gold regelt den Zinsfuss. Wenn die Reserve mit Gold gefüllt ist, so sind die Darlehen billig; wenn das Gold abfliesst, so steigt der Zinsfuss und der Handel leidet. Aber ist dem so? Stellen wir die Frage an dasselbe grosse Jahr der Angst 1866 und vergleichen dessen Antwort mit der des Jahres 1856. In der ersten Woche des Jahres 1856 bei $10^1/_2$ Millionen Gold haben wir einen Diskont-Satz von 6 und 7 Procent. Im Jahre 1866 ist das Gold auf 13 Millionen, also um $2^1/_2$ Millionen höher gestiegen. Wie hoch stand der Diskont? Etwa auf einer niedrigeren von dem erwähnten Gesetze abhängigen Ziffer? Gerade im Gegentheil. Er ging vielmehr auf 8 Procent hinauf. Am 21. März 1856 blieben Barren und Diskont unverändert. In derselben Woche 1866 hatten die Barren, bei einer Zunahme von 4 Millionen, $14^1/_2$ Millionen erreicht. Haben sie auf den Bank-Diskont eingewirkt? Keineswegs. Nichts von Alledem haben sie gethan. Er blieb auf derselben ziffernmässigen Höhe. Am 9. Mai 1856 betrugen die Barren $9^3/_4$ Millionen bei einem Diskont-Satz von 6 und 7 Procent; 1866 gab es 3 Millionen Gold mehr und dann stieg wie zum

8*

Hohn für die City undihre Doktrin der Diskont auf 9 Procent. Dann kommt der Rückschlag vom 12. Juni. Im Jahre 1856 sind 18 Millionen Gold vorhanden bei einem Diskont-Satze von 5 Procent; 1866 standen $14^1/_2$ Millionen neben einer, den Wechselverkehr drückenden Doppellast von 10 Procent. Angesichts eines Gold-Mehrbetrages von $3^1/_2$ Millionen. Die Ausweise des ganzen Jahres geben die gleiche Auskunft. Sie weisen nach, dass die Lehre der Abhängigkeit des Diskonts von der Höhe der Reserve eine völlige Unwahrheit ist — eine Täuschung der City-Artikel und der Praktiker. Diese Thatsachen setzen Niemanden in Erstaunen, der die Natur der Umlaufsmittel (currency) begriffen hat. Er weiss, dass Gold und Noten lediglich für Baarzahlungen erforderlich sind, und dass ein etwaiger Ueberschuss keine Verwendung finden, nicht verliehen werden kann und dass, wenn er nicht ein zum Ausleihen nützlicher Fond ist, er keinerlei Einfluss auf den Leih-Zins ausüben kann. Wenn dem Bedürfniss an Geld für Baarzahlungen genügt ist, so werden alle übrigen Geschäfte des Landes durch papierne Urkunden, durch Checks und Wechsel ausgeführt. Aber die City kann noch geltend machen, dass die Bank den Diskont, unter Rücksichtnahme auf die Bewegungen des Goldes, festsetzen kann und von dieser Befugniss nach Belieben Gebrauch macht. Das ist wahr, glaube ich, sie thut das gelegentlich; aber die hier citirten Bank-Berichte weisen Zweierlei nach, dass sie nicht verpflichtet ist, das zu thun, denn die Bank befindet sich vollkommen wohl dabei, wenn sie diese vermeintliche Regel verletzt, und dann die Thatsache, dass sie sehr selten der Regel entsprechend handelt.

Es ist keine seltene Erscheinung, Schriftsteller von orakelhaftem Ansehen sowohl in wie ausserhalb der Presse gerade in solchen Zeiten wie den gegenwärtigen, wo der Handel aussergewöhnlich matt geht, und die Gewinne gering sind und das Kapital wenig Begier zeigt, sich auf neue

Unternehmungen einzulassen und der Bank-Diskont ungewöhnlich niedrig steht, zu finden, die bemüht sind, die Geister verzagender Händler aufzurichten, indem sie kundgeben, das Gold werde leicht aus fremden Gegenden zufliessen und sicherlich den Gewerbefleiss anregen und das Geschäft aufrichten, und Beides, Löhne sowohl wie Gewinne, erhöhen und vor Allem die Erträge des Bankgeschäfts und des Geld-Marktes von Neuem heben. Welche Idee müssen solche Personen vom Gelde haben? Haben sie sich jemals mit schlichten Worten gesagt, was das Geld vermag und worin seine Aufgabe besteht? Der Gold-Vorrath bleibt in der ganzen Welt derselbe, ob die Nation sich unter steigendem Wohlstande hebt, oder der Handel unter schmerzlichen Verlusten erbebt und der Geldmarkt mit dem Tode ringt. Was möglicher Weise beim Golde vorkommen kann, betrifft lediglich den Wechsel seiner örtlichen Vertheilung; und will Jemand sich zu der Behauptung versteigen, dass das von Einem Platze an den anderen versetzte Gold — Gold, welches doch nur durch Ankauf gegen eine Quantität anderer Güter beschafft werden kann — gerade den Unterschied hervorbringe, der zwischen Erzeugung und Zerstörung von Vermögen liegt, zwischen einem Handel, der Reichthümer aufhäuft, und einem solchen, der sie zerstört? Wenn auch nur ein Jota von Wahrheit in solcher Anschauung liegt, so mag man uns zeigen, wie das Gold dabei thätig ist, wie es diese Wunder hervorbringt. Der thatsächliche Vorgang ist wesentlich für das Verständniss solcher Erfolge. Gold, wissen wir, kann Güter in die Hände der Einen Person an Stelle der anderen bringen; aber wie soll darin ein Wachsen des Vermögens, ein Nutzen für Gewinne und Löhne liegen, wenn schon genug Gold zur Ausführung der Baarzahlungen vorhanden ist? Es giebt keine den Zauber- und mystischen Mächten ergebene Gläubige, die den Unfehlbaren des Geldmarktes vergleichbar wären.

Aber was ist denn die Macht, die den Zinsfuss regiert?

Die Antwort auf diese Frage muss aus der Stellung des Banquier, als eines Zwischenhändlers zwischen zwei Hauptpersonen, hergeleitet werden. Die Macht, den Zinsfuss nach eigenem Belieben zu bestimmen, wohnt ihm nicht bei; aber er ist der Dolmetsch für das Gewicht der arbeitenden Kräfte und sucht nach dem Zinssatze, den diese Kräfte vorschreiben. Wenn er irrt, wird ihn der Erfolg zwingen, den Zinssatz zu ändern; mit anderen Worten, es ist der Banquier, indem er den Preis auf dem Darlehens-Markte festsetzt, wie alle Händler auf den verschiedenen Märkten, dem allgemeinen Gesetze von Angebot und Nachfrage unterworfen. Er handelt mit werbender Kraft, die von der einen Hauptperson in seine Hände gelegt von der anderen entliehen wird. Wenn die Landwirthe, die Fabrikanten und Kaufleute an Wohlstand zunehmen und Gewinn machen, so neigen sie dahin, weniger zu kaufen, als sie einnehmen; die Folge ist eine Vermehrung der dem Banquier zum Ausleihen disponiblen Mittel. Schlechte Ernten, Verluste im Handel, lustlose Käufer setzen die Gewinnste herab und schwächen den Banquier; da giebt es weniger zu verleihen. Auf der anderen Seite können sich günstige Gelegenheiten zu sehr gewinnbringender Capitalanlage in einer Colonie, in einer neuen heimischen Industrie und derlei bieten; dann wächst die Nachfrage nach Darlehen. Oder aber es gehen gewisse Geschäftszweige dauernd zurück und erfordern weniger Leihkapital wie früher; dann wird die Nachfrage nach Darlehen schwächer und der Zinsfuss nimmt eine rückgängige Bewegung an. Oder aber, wenn die Borger das, was ihnen geliehen war, verloren haben und ihre Wechsel nicht honorirt werden und Verluste nach allen Seiten ihre Schläge führen; dann steigt der Zinsfuss rasch in die Höhe. Mit Einem Worte, die Zufälle, von denen die beiden Hauptpersonen betroffen werden, sind maassgebend für die Aufgabe, die der Banquier beim Ausleihen zu erfüllen hat.

Aber unter solchen im Bankverkehre auftretenden Hauptpersonen ist die ganze Nation zu begreifen; daher Wechselfälle, von denen die Nation betroffen wird, unmittelbar auf das Bankgeschäft einwirken. Die Vermögenslage einer Bevölkerung kann sich von Jahr zu Jahr sehr ändern. Der dauernde Wohlstand der Franzosen giebt dem Darlehnsmarkte Frankreichs stete Festigkeit; er vermehrt fortdauernd seine Mittel und gleicht Misserfolge über Erwarten rasch aus. Sehr verschieden davon verhalten sich die Angel-Sachsen, mögen es Engländer sein, Bewohner der Colonien oder Amerikaner. Eine Zunahme des Vermögens führt sofort zur Zunahme des Verbrauchs; und dieser Verbrauch geht häufig unvermindert auf schlechte Zeiten, die eingetreten sind, über und hat dann die unvermeidliche Zerstörung von Kapital zur Folge. Spekulation greift um sich wie ein Fieber im physischen Körper. Weil einige Eisenbahnen rentiren und grosse Dividenden abwerfen, sind viel mehr Eisenbahnen angefangen worden, als Mittel zu ihrer Vollendung da sind; derweil die auf ihre Aktien gefallenen Dividenden in unmässigem Luxus zu bedenklicher Schmälerung des Volksvermögens verausgabt sind. Es giebt eine ganze Menge Angel-Sachsen, die in schlechten Jahren — oder bei anderen öffentlichen Calamitäten, wie Krieg — eben so viel verbrauchen, als in guten Jahren; der Franzose schränkt sich sofort ein, und dann staunt ganz Europa, und mitunter nicht ohne Verdruss, über die unerwartete ökonomische Kraft, die er entfaltet. England und Amerika haben oft zu ihrem Erstaunen die Entdeckung gemacht, dass sie nicht Einkommen, sondern Kapital verwendet haben; dass sie nicht nur Nichts erspart haben, wenn es eben keine Ersparnisse zu machen gab, sondern auch ihre täglichen Ausgaben beibehalten haben, und dass sie am Tage der Abrechnung, mag es die Nation oder den Einzelnen treffen, zu der schmerzlichen Einsicht gelangen müssen, dass ihre Vermögensverhältnisse zurückgehen. Schulden sind contrahirt worden, die Mittel, ihnen beizukommen, sind ausgegangen, die Guthaben bei den Banken erschöpft, Wechsel werden nicht gezahlt, grosse Firmen brechen zusammen, und die Orkane fegen hin über den bestürzten Geldmarkt.

Man kann nicht leugnen, dass der Banquier in diesem Momente der Richter über den Stand der Geschäfte ist und mit oder ohne Nachdenken bestimmen kann, ob weniger oder mehr ausgeliehen werden soll. Aber er thut ganz dasselbe, was ein Viehhändler auf dem Jahrmarkte thut, der für ein oder zwei Tage den Preis seiner Thiere bestimmen kann; aber wenn er zu verkaufen gezwungen ist, muss er sie schliesslich zum Marktpreise abgeben.

Es muss bemerkt werden, dass in Zeiten regelmässigen Geschäftsverkehrs und regelmässiger Ausgaben die wirkliche Ziffer, auf welcher der Zinsfuss steht, nicht nothwendig eine glückliche oder eine geschädigte ökonomische Lage anzuzeigen braucht. Ein niedriger Diskont-Satz weist nicht immer auf Zunahme des Geschäftsverkehrs hin, so wenig wie ein hoher Zinsfuss auf Schädigung des Handels. So ein hoher Zinsfuss in den Vereinigten Staaten und Colonien ist nicht mit Nachtheilen verbunden, noch irgend einem ausserordentlichen Risiko; es ist der natürliche Ausfluss grosser Gewinne, welche die Industrie in neu erschlossenen Ländern abwirft; die Leute sind im Stande, höheren Zins für Darlehen zu zahlen, weil das Kapital so ausserordentlich reiche Frucht abwirft. So hatte einige Jahre früher die Bank von England während einer langen Zeit 7 Procent mit Leichtigkeit festgehalten, während die Darlehnssucher diesen Diskont mit gleicher Leichtigkeit zahlten, wiewohl gegenwärtig ein solcher Zinsfuss als drückend empfunden werden würde. Die grössere Einträglichkeit des Handels zu einer und der anderen Zeit erklärt die unterschiedliche Auffassung.

Aber obwohl für den Bankverkehr das Gesetz gilt, dass die Maassbestimmung für Angebot und Nachfrage im marktgängigen Bankgeschäfte den beiden Hauptpersonen zufällt, zwischen denen der Banquier steht, und den Vermögenswerthen, die nicht er umschlägt, sondern die von jenen umgeschlagen werden, so bleibt es doch eine ebenso peinliche wie bekannte Thatsache, dass der Markt für Bankgeschäfte vor allen anderen trostlosen Stürmen ausgesetzt ist. Der Diskonten-Markt ist der empfindlichste, unerwarteten Zufällen ganz besonders ausgesetzt, und oft von allen Märkten derjenige, der am schwersten zu übersehen ist. Die besonders in England ihm eigene Gefahr entspringt vornehmlich der ungeheuren Menge von Geschäften, die aus allen Gegenden der Erde auf ihn eindringen, und in dem einzigen Mittelpunkte des kaufmännischen Kredits, in London, zusammenlaufen. Oft ist es sehr schwer, zu rechter Zeit die arbeitenden Kräfte zu beurtheilen, oder ihre Folgen voraus zu sagen; zudem giebt es auf geistigem Gebiete Mächte, mit denen man rechnen muss, und die zu Zeiten flüchtig sind wie der Wind. Das Vertrauen kommt hinzu als ein wesentliches Moment im Bankverkehre — Vertrauen beim Deponenten, dass der Banquier seine Fonds unter sicherer Hut halten wird, und Vertrauen zum Borger, dass er das, was ihm geliehen wird, erhalten und nicht zerstören wird. Solches Vertrauen wird leicht erschüttert, wenn einmal die Deponenten zu zweifeln beginnen, ob der Banquier nicht seine Fonds Leuten anvertraut hat, welche sie verloren haben. Der Sturz weniger grosser Häuser, die Zertrümmerung von ein oder zwei grösseren Finanzgesellschaften, die Zahlungseinstellung einer Bank ist genügend, die Welt des Bankverkehrs in Todes-Schrecken zu versetzen. Solche Uebelstände sind im eigentlichsten Wesen des Bankgeschäfts begründet, denn Bankgeschäft bedeutet nichts Anderes, als kreditiren und debitiren; und der Deponent, der weiss, dass der Banquier seine Depositen ausleiht, weiss nicht, an wen er sie verleiht. Da ist Raum die Fülle für ungezügelte Impulse blinden Schreckens. In solchen Zeiten fallen die Depositengläubiger die Banquiers um Zahlung an, die Banken verlangen dringend ihre Vorschüsse, die Unterstützung des Handels, worin der beste Dienst des Bankgeschäfts besteht und mehr noch, worauf

Kaufleute und Grosshändler als auf ein sicheres Hülfsmittel ihres Geschäftes bauen, wird auf Ein Mal eingeschränkt oder verweigert. Kaufleute, obwohl in Betracht ihres Vermögens solvent, werden durch diese plötzliche Fahnenflucht des Banquiers für den Augenblick ausser Stand gesetzt, ihren Verbindlichkeiten zu genügen, und wilder Hülferuf lässt den Zinsfuss zu verfänglicher Höhe ansteigen. Der Grund solcher Stürme hat zweifellos seinen Sitz in dem Zustande, worin sich das National-Vermögen befindet; aber die Heftigkeit, mit der sie auf dem Markte des Bankgeschäfts auftreten, wird durch geistige Impulse erzeugt, die man so treffend in das schreckliche Wort „Panik“ zusammengefasst hat. Solche Krisen, wie sie genannt werden, sind von Bank-Operationen, die sich über den ganzen Erdball ausbreiten, unzertrennlich; aber der Schade, den sie erzeugen, ist so schwer, und ihr Einfluss nicht nur auf Kaufleute jeder Art, sondern auf die ganze Bevölkerung eines Landes so empfindlich, dass es ein Gegenstand hoher Bedeutung wird, sich ihre wahre Natur, so weit es praktisch ausführbar ist, klar zu machen und sich Einsicht zu verschaffen, die zur Linderung oder gar zur Abwendung solcher Calamitäten beitragen kann.

1. Vor Allem ist zunächst eine Krisis auf dem Geldmarkte in ihrer Art grundverschieden von einer auch noch so schweren Störung in einem Zweige des Waaren-Geschäfts. Bei einem Vorkommniss letzterer Art fehlt die Zugabe eines unbestimmten und wahnwitzigen Schreckens. Er wird im Bankgeschäfte erregt, weil der Deponent keine andere Gewähr für die Sicherheit seiner Schuld hat, als die Solvenz des Banquiers; und wer weiss, welch' ausschweifende Unternehmungen er nicht mit Mitteln unterstützt haben mag, die Anderen gehören? Dem Banquier wird gleichfalls sehr unruhig zu Muth: können nicht grosse Häuser oder Gesellschaften, deren Wechsel er zu Hunderten in Händen hat, oder deren Namen in seinen Büchern bei schweren Vorschüssen figuriren, im Grunde unsolide sein und sich plötzlich für

zahlungsunfähig erklären? Manche dieser Häuser mögen ganz solvent sein; aber wer kann seinen Verbindlichkeiten mit freier Stirn gegenüber treten, wenn sie alle zu gleicher Zeit in Mitten hellen Sonnenscheins auf ihn eindringen? Denn darin liegt immer die dem Bankwesen eigenthümliche Gefahr. Wenn gewöhnliche Personen angegangen werden, ihre Schulden zu zahlen und können es nicht, so dauert der Prozess, um sie dem Gerichtshofe für Bankerutt-Sachen zu überliefern, lange; sie sind nicht auf ein Mal zu Grunde gerichtet; aber eine Bank, die die Zahlung ihrer Checks weigert, ist sofort in ihrer Geschäftsthätigkeit unterbrochen; sie schliesst ihre Thüren und wird wahrscheinlich nie den Schlag überleben. Ihre Geschäfte gehen in Liquidation. Aber das Unglück nimmt einen weiteren Umfang an. Wenn Häuser eines anderen Handelszweiges ihre Zahlungen einstellen, so ist der Schlag auf sie und eine Anzahl von Personen beschränkt, die unmittelbar mit ihnen in diesem Handelsgeschäfte zusammen wirkten. Die Krisis auf dem Gebiete des Bankwesens ist ein nationales Unglück. Der Handel in England arbeitet in grosser Ausdehnung mit geliehenem Kapitale, welches er von den Banken gegen Wechsel erhält. Ein plötzliches Steigen des Diskont-Satzes, noch mehr die Schwierigkeit, es bei alledem zu erhalten, lähmt alle Handelsoperationen der Nation, die im Vertrauen auf Wechsel-Darlehen und einen mässigen Zinssatz für selbe unternommen sind. Ein Steigen auf 10 Procent in Einer Woche oder gar in Einem Tage bringt den sachlich besten kaufmännischen Unternehmungen Verlust oder gar Verderben. In gewöhnlichen Zeiten geht das Geschäft immer so glatt, dass Niemandem der Gedanke an Gefahr oder gar an eine Klemme kommt; dennoch erhebt sich auf diesen stillen Wassern der Wirbelwind mit der Heftigkeit und Zerstörungswuth eines Typhoon. Die Kaufleute machen Einkäufe, bedingen Schiffstransporte, zeichnen Wechsel, gehen Verbindlichkeiten ein, die ihre eigene Zahlungsfähigkeit unendlich übersteigen, in der ungetrübten Zuversicht, dass die

Wechsel, welche sie für verkaufte Güter empfangen, diskontirt werden, das heisst, von den Banquiers in werbende Kraft oder Zahlungs-Vermögen umgesetzt werden. Der ganze Handel ist nichts Anderes, als eine zwischen Producenten und Consumenten eingeschobene Vorrichtung, zwischen dem Baumwollen-Pflanzer in Amerika und denen, welche die Caliko-Hemden in England tragen. In der That kann man den Handel als Vertheilung der Güter an Orte, wo man ihrer bedarf, definiren. In Erfüllung dieser Aufgabe macht sich der moderne Handel die Hülfsquellen der Banken zu Nutzen — oder, um auf unsere Analyse zurückzugehen, der Baumwoll-Kaufmann kauft mit Hülfe des Korns, welches der Landwirth verkauft hat. Auf diese Weise betreibt er sein Geschäft zum Besten der Gesellschaft, indem er seine eigenen persönlichen Mittel überschreitet. Aber wie, wenn diese Quelle versiegt? er verlässt sich auf sie; aber er kann die Banquiers nicht vorsichtig machen. Er selbst ist kein verwegener Spekulant, er verfolgt den betretenen Pfad des gewohnten Geschäfts; und doch kann er durch die unklugen Maassnahmen des Banquiers zu Grunde gerichtet werden. Durch den Wechselverkehr nimmt die ganze Gesellschaft der Kaufleute an der Gemeinschaft des Bankgeschäfts Theil, und dennoch haben sie weder den Einblick, noch die Macht, Einhalt zu gebieten, wie wirkliche Theilhaber sie besitzen.

2. Sodann liegt zu Tage, dass die Banquiers auf die Eingänge keinen maassgebenden Einfluss üben; die Ursachen aber, welche die Banken zur Hergabe von Vorschüssen bestimmen, wesentlich in ihnen selbst liegen. Die Depositen finden ihre Begrenzung im National-Wohlstande: ein Banquier kann sie weder vergrössern, noch beschränken; aber seine offenbare Pflicht ist es (und wie viel Banquiers nehmen das als Richtschnur?), treu die Kräfte zu überwachen, welche zur Vergrösserung oder Verminderung jener Waaren-Ueberschüsse dienen, durch die jeder einzelne Deponent in der Lage ist,

mehr zu verkaufen, als er einkauft. Der Banquier, welcher für eine Krisis vorbereitet zu sein wünscht, muss wissen, dass der auf Minderung der Depositen wirkende Rückgang des Wohlstandes aus zwei Ursachen entspringt: positiv aus einer thatsächlichen Zerstörung von Volksvermögen, oder negativ aus einer fehlerhaften Verschiebung in der Art und Weise seiner Veranlagung. Es giebt eine Form, in der diese Zerstörung von Vermögenswerth auftritt, die für ihn voller Gefahr und unvergleichlich fruchtbar in der Erzeugung von Krisen ist; dennoch hat man in Bankkreisen selten Verständniss dafür. Meist ist man damit zufrieden, wenn ein Unternehmen in seiner Art gesund ist; wenn es nicht eine Seifenblase, sondern eine solide Anlage ist. Man sucht es nach Möglichkeit zu fördern, und redet den Banquiers eifrig zu, dass sie in Ausführung solcher Unternehmungen sicher gehen, ja sogar patriotisch handeln. Derartige Werke sind Drainagen, Eisenbahnen, Docks, Kanäle und dergleichen. Unzweifelhaft sind sie alle in hohem Maasse geeignet, Wohlstand zu erzeugen. Das Gedeihen einer Nation hängt gar sehr von der Ausführung solcher Werke ab. Aber Niemand zieht in Ueberlegung, dass solche Werke Vermögen zerstören, und bis sie einträglich werden, nicht allein um die auflaufenden Zinsen ärmer machen, sondern auch um die Wiedererstattung der auf ihre Herstellung verwendeten Kosten. Nichts bereichert ein Land so sehr, wie eine wohlgeplante Eisenbahn, und doch ist die Herstellung der Bahn nichts als eine riesige Zerstörung von Güterwerth. Man sagt, eine Eisenbahn habe zehn Millionen Pfund gekostet, und dabei ist man geneigt, sich zu beruhigen. Aber das Geld hat an den Unkosten keinen Theil, vielmehr gab es bei Beendigung des Werkes noch gerade so viel Geld, als beim Beginne. Die Kosten desselben sind vom Gelde grundverschieden. Die Herstellung einer Eisenbahn erfordert einen grossen Aufwand an Arbeitskräften; das heisst, sie nährt und kleidet eine grosse Menge Menschen während langer Zeit; sie verbraucht ungeheure Mengen Eisens und anderen Materials, dessen Fabrikation wiederum Kleidung und Nahrung verzehrt; und der Erfolg besteht in nichts als Schienensträngen, Tunnels und Dammschüttungen — lediglich Aenderung der Erdoberfläche. Niemand zweifelt daran, dass, wenn die Arbeiter statt auf Herstellung einer Eisenbahn sich darauf verlegt hätten, Löcher in den Boden zu graben und dann wieder zuzufüllen, die Wogen der Armuth über dem Lande zusammen schlagen müssten. In welcher Hinsicht sollte sich für diese Zeit eine Eisenbahn von solchen Löchern unterscheiden? Wenn all' diese Arbeit auf die Fabrikation von Eisen und Kattun, und den Austausch nach Amerika gegen Korn und Speck verwendet wäre, würde der Wohlstand der Nation keine Abnahme erfahren haben; so lange nicht alle direkt und indirekt beim Bau einer Bahn verzehrten Sachen durch Güter, durch wirkliche Waarengegenstände, durch andere Vermögenswerthe erstattet worden sind, ist die Bahn eine traurige Einbusse und bis dahin eine wirkliche Verarmungs-Anstalt. Von Natur gesunde und auf Bereicherung abzielende neue Werke, die aber nur langsam das verbrauchte Kapital erstatten, machen das eigentliche Rohmaterial einer Krise aus.

Das unterscheidende Charakter-Merkmal einer wahren Krise liegt darin, dass sie die Folge einer vorausgegangenen Zerstörung von Vermögenswerthen ist. Dieser bedeutsame Charakterzug wird trotz seines unermesslichen Gewichts für vorbeugende Maassregeln kaum von Jemandem beachtet; gleichwohl ist es der Umstand, welcher einer Krisis ihre thatsächliche Bedeutung giebt. Die Bezeichnung „Panik“ drückt wohl die Erregung aus, von der die Bankkreise ergriffen werden, wenn die Verluste zu Tage kommen, und zügelloser Argwohn erwacht und überall die Furcht sich regt, ob Dieser oder Jener sicher ist, ob nicht: aber die Krisis, welche die Ursache der Panik ist, hat einen viel tieferen Grund. Es kann grosse Verluste auf dem Geldmarkte geben, es können sich viele Gewinne in Verluste verwandelt haben, viele Personen können schwer geschädigt sein; dennoch braucht sich keine Panik damit zu verbinden. Was der Eine verliert, hat der Andere gewonnen: die Hülfsmittel der Banken brauchen nicht allgemein durch die Bewegung geschmälert zu sein, selbst wenn auch eine oder zwei Banken ihren Credit oder gar ihre Existenz gefährdet haben. Dem Diskontiren kaufmännischer Wechsel kann im Ganzen eine unveränderte Menge von Leih-Kapital zur Verfügung stehen; ebenso können in einem speciellen Handelszweige grosse Verluste vorkommen, und dennoch entsteht keine Krise. Die Baumwollen-Noth brachte schweres Missgeschick über Lancashire, viel Vermögen ging zu Grunde, dennoch stellte sich im ganzen Verlaufe dieser Lähmungserscheinungen, die ein grosser Handelszweig bot, keine Krisis ein. Die Kalamität kam langsam näher: Banquiers, Kaufleute, Industrielle, jeder sah sie voraus und traf entsprechend seine Maassnahmen. Da gab es keine Ueberraschung, keinen plötzlichen und reissenden Umschwung von Wohlstand in Noth, keine unversehene Enthüllung, dass Leute, die hohes Ansehen genossen, am Rande des Bankerutts und Verderbens gestanden hätten, keine krankhafte Erregung der Banquiers und Gläubiger in dem Gedanken, wer zahlungsfähig sei und wer nicht, kein Orkan, der über den Diskonten- und Darlehns-Markt losgebrochen wäre. Es ist in der Presse oft gesagt worden, dass ein Land sich in Jahren nicht wieder von einer Geld-Krisis erhole; aber das ist eine ungenaue Sprache. Ein Land kann auf die Länge nicht durch den blossen Umstand, dass einige Banken und Kaufmannshäuser mit ihren Zahlungen in's Stocken gerathen sind, Schaden leiden. Gold, Noten, Banken, Handelsfirmen sind blos mechanische Vorrichtungen: sie bilden nicht den Reichthum einer Nation. Sie mögen in Unordnung gerathen, aber, wenn das Alles ist, bleibt der Nationalwohlstand unberührt und der Handel wird sich bald selbst wieder in die rechte Lage bringen. Aber es bleibt trotzdem wahr, dass die Folgen einer Krisis lange Zeit fortdauern und zwar deshalb — und darin liegt die grosse bemerkenswerthe Wahrheit — weil eine Krisis nichts Anderes als der Culminationspunkt einer vorausgegangenen, lange fortgesetzten Kapitalszerstörung ist. So sind im Jahre 1825 einige dreissig Millionen den Staaten von Süd-Amerika geliehen worden, welche England verlassen haben und zwar, wie öffentliche Darlehen immer thun, nicht in Gestalt von Geld, sondern von Gütern. Das National-Vermögen Englands wurde um Güter im Werthe jener Geldsumme vermindert. Banquiers hatten zudem grossartig in Bergwerken und anderen verwegenen Unternehmungen spekulirt und hatten Andere zur Spekulation aufgemuntert. Aber Spekuliren ist kein blosses Wetten, denn sonst würde das Land nicht um so viel ärmer sein — die Spekulation war von anderer Art. Sie setzte bedeutende Arbeitskräfte in Bewegung. Löhne wurden gezahlt, welche den Verbrauch von Nahrungsmitteln und Kleidung zur Folge hatten: Materialien wurden mit Arbeit erkauft — das heisst wiederum mit der Zerstörung von Gegenständen, die von den Arbeitern verbraucht waren: der Ersatz für das zerstörte Kapital war armselig, das Volksvermögen wurde vermindert, Banken fallirten und die Depositen-Gläubiger wurden von Verlusten betroffen. So geschah es wieder im Jahre 1847, dass die Kartoffel-Krankheit eine riesige Zerstörung von National-Vermögen verursachte. Misswachs der Baumwollen-Ernte in Amerika vertheuerte die Baumwolle, verminderte so den Englischen Handel mit auswärtigen Ländern, und setzte den Wohlstand der Englischen Consumenten zurück. Vor Allem hatte der Bau von Eisenbahnen eine Ausdehnung angenommen, welche die Ersparnisse des Landes weit überstieg. Sie konnten nicht von denen vollendet werden, welche das Aktien-Kapital zusammen geschossen hatten. Sie konnten den an sie gestellten Ansprüchen nicht gerecht werden. Die Hülfsmittel der Banken waren gelähmt. Die Aktien-Inhaber hatten ihr Bank-Conto erschöpft und liehen, wenn sie konnten, von den Banken, anstatt bei ihnen zu deponiren. Die Aktien waren nicht, oder doch nur unter verderblichen Verlusten verkäuflich. Aber die bei all' dieser Verwirrung greifbare Thatsache ist die, dass die Aktien-Inhaber ihr Eigenthum zur Beschäftigung von Arbeitern verwandt hatten, welche Vermögen verzehrten und auf dem Erdboden alle möglichen Bauten errichteten, welche nicht wie Vermögenswerthe wirkten, auch gar kein Vermögen waren, bevor sie nicht anfingen, bei der Erzeugung von Werthen wirksam zu werden. Im Jahre 1857 ist in Amerika eine ähnliche Ueberproduktion im Eisenbahnbau vorgekommen, welche viel Englisches Vermögen gefährdete und einen der mächtigsten Englischen Handelszweige erschütterte. Auch Frankreich erfuhr eine ähnliche Verwirrung, und dann entpuppte sich plötzlich eine scharfe, wenn auch kurze Krisis. Im Jahre 1866 hatte der Bürgerkrieg in Amerika die Baumwollen-Produktion zu Grunde gerichtet, eine Ernte, England wahrlich nicht minder angehörig, als wenn sie in England gewachsen wäre. Die Amerikaner verloren das Vermögen, Englische Güter zu kaufen; Englisches Kapital — immer in Gestalt Englischer Güter — wurde nach Indien, Egypten und in andere Gegenden zum Zwecke der Anfuhr roher Baumwolle gesandt, um damit den Ausfall der Amerikanischen Zufuhr zu decken. Häuser, wie das der Gurneys, hatten in Millwall Schiffe erbaut und umfangreiche Flotten in Galway mit grossem Kostenaufwande ausgerüstet: sie waren nicht nöthig und fast ganz werthlos. Mühlen und Fabriken wurden in einem Umfange errichtet, der die Mittel weit überstieg, die dem Handel zu Gebote standen, ihnen Beschäftigung zu geben; das von den Arbeitern beim Bau verzehrte Kapital war vor der Hand ganz verloren. Auswärtige Städte wurden erweitert und mit Englischem Kapital verschönert: unzählige industrielle Etablissements wurden in den Colonien eröffnet, während zu Hause die Ausführung zahlreicher Eisenbahn-Projekte in Angriff genommen wurde; die Zerstörung von Nahrung und Kleidung durch die Arbeiter fand in den unvollendeten Linien keinen

Ersatz: nicht der Werth Eines Shilling wurde als Ersatz dem Volksvermögen eingebracht.

So ging es in der grossen Amerikanischen Krisis von 1873. Eisenbahnen wurden in der Wildniss begonnen, zu deren Vollendung die Kapitals-Ersparnisse der Nation bei Weitem nicht ausreichten. Der thatsächlich vorgehende Consum des auf diese Unternehmungen verwendeten Kapitals verbreitete ringsum den Sonnenschein einer scheinbaren Glückslage. Unter Gewinnen und grenzenlosen Preisen für Fonds und Aktien schienen Alle in wachsender Zunahme des Reichthums begriffen und machten übermässige Ausgaben, das heisst, consumirten Güter. Wenn es einem Volke einfiele, all' sein Eigenthum in Einem Jahre zu veressen und zu vertrinken, so würde der Ueberfluss an Genussmitteln, der sich über die einzelnen Familien ergiesst, ungeheuer sein; aber sie würden im nächsten Jahre darben. Die Zeit kam endlich, wo das Vermögen zu Ende ging und nicht mehr zu beschaffen war; Eisenbahn-Aktien und Obligationen wurden unverkäuflich und der verderbliche aber glänzende Aufwand liess nach. Die nationale Verarmung wurde dann jedem Auge sichtbar.

In all' diesen Vorgängen waren die Banken tief verflochten; nichts desto weniger trugen sie zur Vergrösserung des Unheils bei, weil ihre Sicherheiten ihnen Schutz zu gewähren schienen. Sie ermunterten zu neuen Projekten, sie trugen zur Steigerung der Gewinne bei, sie schöpften aus der Nachfrage nach Darlehen mit erhöhten Zinsen grosse Vortheile. Nur wenige Banquiers liessen sich die eigenthümliche und furchtbare Gefahr träumen, welche einer Menge von vielleicht an sich ganz gesunden Entwürfen beiwohnte, deren Ausführung auf keine andere Grundlage gestellt war, als auf das leere Vertrauen zu den künftigen Hülfsquellen der Banquiers. Wie viele Banquiers waren sich bewusst, dass sie Nichts als Maschinen bedeuten, dass die Ursachen des Glücks oder Unglücks im Stande des National-Vermögens ihren Sitz haben, in der Erzeugung oder Zerstörung von Güterwerth? Alles ging gut, bis endlich die Mittel der Nation durch das Missverhältniss zwischen verbrauchten und wieder erzeugten Vermögenswerthen erschöpft waren. So trieb man dem Sturme entgegen. Die früher so freigebigen Banquiers weigerten fernere Vorschüsse und kündigten die alten auf. Die Gesellschaften wurden zum Stillstande mit ihren unvollendeten Werken gebracht. Ihre Antheilsscheine, die man für so ausgezeichnete Sicherheiten hielt, wurden unverkäuflich und unrealisirbar. Kaufleute und Händler, welche ganz ausserhalb dieser Vorgänge gestanden hatten, können keine Vorschüsse auf Wechsel erhalten, es sei denn unter unerschwinglichen Bedingungen. Sie können ihren Verbindlichkeiten nicht nachkommen, weil die Banken, auf die sie bauen, sie nicht mit den nöthigen Mitteln versehen. Nothgedrungen, zu verkaufen, wird das Eigenthum geopfert, während Schrecken und Verderben die ganze Geschäftswelt überziehen.

Der Tag der Krisis ist der Tag, wo die Verluste offenkundig werden, wo es offenbar wird, wer der Verlierer ist; das ist es, was die Seelenangst erzeugt — die Panik. Die Thatsache steht plötzlich in ihrer Nacktheit da, dass man ungeheure Verluste erlitten hat — dass der Wohlstand verloren gegangen ist; und dann befällt plötzlich die überraschte Welt jene schreckliche Angst, ob diese oder jene Guthaben sicher sind, und auf deren Zahlung Verlass ist. Die Waaren-Vorräthe jeder Art finden sich furchtbar erschöpft. Diejenigen, welche Güter in eigenen Besitz gebracht hatten, haben sie aufgebraucht und verthan, sei es geradezu durch Verschwendung oder durch zeitweilig unproduktive Verwendung, die genau denselben Erfolg wie die Verschwendung hat. Wen wird der Verlust treffen? Das ist die Frage aller Fragen bei einer Krisis. Nicht die Arbeiter, welche bei den unvollendeten Eisenbahnen beschäftigt sind; denn die empfangen ihre Löhne und verzehren damit die Güter. Eben so wenig im Allgemeinen die Unternehmer, die jenen Arbeit geben; sie empfangen die Mittel zur Zahlung der Löhne im Vorschreiten des Werkes. Dennoch werden ihrer Manche vom Sturme gepackt; er bricht plötzlich los, da sie im Begriffe waren, im Vertrauen auf frühere, von den wirklichen Eigenthümern des Werkes geleistete Zahlungen, bei Banken und Geld-Instituten Hülfe zu erhalten. Wenn die Unternehmer zahlungsunfähig werden, so giebt es viele Gläubiger, die sich plötzlich selbst ihrer Habe beraubt sehen. Finanz-Häuser tragen weiter zu dieser trostlosen Lage bei. Viele Wechsel werden werthlos befunden, und massenhaft treten Zahlungs-Einstellungen auf. Kunden, die damit umgingen, von den Banken zu leihen, werden um Zahlung angegangen und sind ausser Stande; ihre Aktien können nicht verkauft werden. Die Banken sind grossen Gefahren ausgesetzt, denn die zweite Kategorie ihrer Kunden, die Darlehnsnehmer, sind dem Bankerutte nahe. Noch herrscht die schreckliche Ungewissheit, wen trifft der Verlust? denn bei einer so grossen Vorrichtung für Vorschüsse und Einschüsse ist es schwer zu sagen, wer die eigentlichen Eigenthümer des verlorenen Vermögens sind, und dafür mit der Zahlung eintreten müssen. Wenn eine Bank ihre Zahlungen einstellt, sind Hunderte, vielleicht Tausende von Personen in Gefahr, ja vielleicht ruinirt.

Am Tage des Ausbruchs ist die erste Frage nach dem Stande der zweiten Kategorie von Kunden, denen die Banquiers die Fonds ihrer Deponenten überwiesen haben. Haben die Banken an Leute geliehen, die ihnen ihre Darlehen nicht zurückzahlen können? und das bedeutet in Wahrheit: haben die Banken die Bankgeschäfte gut oder schlecht geleitet? Die Lage der Bank von England während einer Krisis erfordert grosse Einsicht in diese so wichtige Materie. Niemand setzt ja Misstrauen in die Bank von England; kein Deponent hat Verdacht, dass sie seine Depositen, seine werbende Kraft, in ungehöriger Weise ausgeliehen haben könnte. Niemand brennt darauf, seine Depositen deshalb zurück zu empfangen, weil die Bank um die Unsicherheit ihrer Schuldner in Verlegenheit sein könnte. Dies ungetrübte Vertrauen ist die Frucht einer guten Bankverwaltung. Die Bank verrichtet ihre eigenthümliche Aufgabe mit Geschick. Sie sucht sich mit Umsicht die zweite Kategorie ihrer Kunden aus; nicht Einer der ersten Kategorie ist für die Sicherheit seiner Forderung an die Bank besorgt. Und wenn die Banquiers Neigung hätten, so könnte es bei allen anderen Banken ebenso sein, und dann würde das eigenthümliche Missgeschick einer Krise — unbestimmter Argwohn und Schrecken — nie auftreten. Kein Banquier sollte ohne solide Sicherheit ausleihen. Schwierigkeiten könnten sich ja einstellen, möglicherweise wäre die Bank nicht sofort im Stande, ihre Darlehen am Tage der ausbrechenden Verwirrung einzuziehen; aber wenn der so wesentliche Argwohn fern bliebe, wenn die Deponenten zuverlässig wüssten, dass sie thatsächlich sicher gestellt sind, so würde diese Gefahr ihrer Beschaffenheit nach in milder Weise auftreten. Während der schlimmsten Krisis neigten die Depositen in der Bank von England nicht der Abnahme, sondern der Zunahme zu. Die Bank von England kann während einer Krisis in reichem Maasse ausleihen, gerade weil Niemand sich durch Angst veranlasst sieht, sie plötzlich zu überlaufen. Wenn das Vertrauen, wie hier angenommen, vollkommen wäre, so könnte die Bank sogar ihren letzten Heller leihen und doch nicht in Gefahr schweben. Ihre Lage würde bekannt sein, und selbst, wenn ihre Geld-Reserve bis auf eine Kleinigkeit geschwunden wäre, würde ihre Unterschrift von jedem Kaufmanne angenommen werden; sie würde für ihn so gut wie Geld sein, wenn das Charakter-Merkmal einer Panik fern bliebe — das Misstrauen. So war in dem peinlichen Jahre 1866 eine der bedeutendsten Londoner Banken in einiger Gefahr, einfach deshalb, weil ihre Depositen ungeheuren Umfang hatten, und man nicht ganz die Ueberzeugung hatte, dass sie beim Ausleihen mit völliger Sicherheit verfahren sei. Würden die Banken beim Ausleihen immer mit vollkommener Klugheit verfahren — so wie man es oft bei ländlichen Banken gesehen hat, die selten unter dem Sturme des Geldmarktes erbeben — so würde ohne Zweifel Sicherheit auf Kosten mancher viel versprechender Unternehmungen beschafft werden, die keine Unterstützung von den Banken erhielten; aber Sicherheit gegen Paniken ist ein Vorzug von höchstem Werthe, während ein sorgloser Bankbetrieb zweifellos Minderung des National-Vermögens herbeiführt.

Die unabänderliche Folge einer Krisis ist die Lähmung der Landes-Industrie während eines längeren oder kürzeren Zeitraumes. Es zeigt sich das in der Niedergeschlagenheit der im Verkehre wirkenden Kräfte. Die Arbeiter finden keine Beschäftigung mehr, die Löhne fallen, neue Werke werden nicht begonnen oder befinden sich im Stillstande. Mr. Brassey hat in seinem interessanten Werke über „Arbeit und Löhne" die Lage der Eisenbahn-Bau-Industrie nach Krisen beschrieben, ihren heftigen Rückgang unter dem Einflusse ungestümer Arbeitsnachfrage und unnatürlicher Löhne, wenn der Schwächezustand den höchsten Punkt erreicht. Die gewöhnliche Sprache in der Presse aller Länder über die eigenthümliche Erscheinung der Panik auf dem Geldmarkte geht, wie früher erwähnt, dahin, dass sie der Ausfluss einer Geld-Krisis sei. Es ist das ein völliges Missverstehen. Der Schlag, welcher Handel und Industrie lähmt, ist stets vor Ausbruch der Panik gefallen. Wie oben gesagt, die Panik spiegelt sich in der qualvollen Frage: Wer wird den Verlust tragen? Wen wird der Verlust treffen? Immer aber ist der Verlust vorausgegangen. Der Bank-Markt besteht aus einer grossen Menge Gläubiger und Schuldner. Vermögen ist verloren — welche Gläubiger sind sicher? welche sind verloren? Welche Schuldner werden bezahlen? welche nicht? Das ist der Schrecken von Lombard-Street. Da giebt es keine Kapitals-Zerstörung auf dem Geldmarkte, denn er ist völlig von Kapital entblösst. Der Kaufmann, der seinen Wechsel diskontirt hat —

das geschah auf dem Geld-Markte — kaufte Korn; was hat er damit gethan? Das Korn ist verzehrt worden. Und was haben die Verzehrer an dessen Stelle neu erzeugt? — Etwas oder Nichts? Der Verzehr des Kornes erfolgt ganz ausserhalb des Geld-Marktes; aber weil das Korn und die anderen Güter aufgezehrt sind, steht der Bank-Geschäfts-Markt vor einem Abschlusse mit Verlusten. Gleichwohl zieht die Geld-Krisis, man muss das offen bekennen, den Erfolg nach sich, dass sie jenes Stocken der Industrie veranlasst, welches Mr. Brassey beschreibt, und es ist sehr belehrend, wenn man das richtig versteht. Bei derartigen Unternehmungen, wie Eisenbahnen, städtischen Bauten u. s. w., die von Aktien-Gesellschaften ausgeführt werden, bestimmen diejenigen, welche Aktien nehmen, dass ein Theil des National-Vermögens, der ihnen gehört, verzehrt werde. Die Aktien werden selten aus dem Einkommen bezahlt, sie dienen zur Veranlagung des Vermögens. Jede neu geforderte Einzahlung verurtheilt einen weiteren Theil des Volksvermögens zur Zerstörung zu Gunsten eines Eisenbahn-Baues oder eines anderen Aktien-Unternehmens. Nun hemmt die Panik diesen Vorgang scharf und entscheidend. Die Einzahlungen werden nicht geleistet; die Aktien sind thatsächlich nicht zu verkaufen, was nichts Anderes sagen will, als dass andere Kapitalisten nicht an die Stelle der bisherigen Aktien-Inhaber treten und den Kapital-Verbrauch fortsetzen wollen. So werden gewisse Unternehmungen — namentlich solche, wie sie Mr. Brassey gekennzeichnet hat — zum Stillstande gebracht. An diesem Punkte muss die Krisis die Arbeiter ausser Arbeit setzen; sie muss dies, weil das Kapital, mit welchem das Unternehmen bis zum Tage der Stockung betrieben wurde, ausgegangen und kein anderes da ist, seine Stelle zu ersetzen.

Aber es geht durch den Vorgang der sogenannten Krisis nicht allein die Neigung der Aktionaire zu Ende, Vermögen anzulegen, sondern es werden auch viele andere Ausgaben eingestellt, die gleichfalls Kapitals-Zerstörungen waren. Eine für Spekulationen so glückliche Zeit, wie sie die Kapital-Verwendung für neue Unternehmungen mit sich bringt, mit ihren Preisen und ihrer Arbeitsnachfrage, führt regelmässig zu einem Wachsen der Ausgaben für das tägliche Leben. Wie schon erwähnt, wenn ganz England sich auf's Essen und Trinken verlegte und in Einem Jahre Alles im Lande verzehrte, so würde ein in der Welt nie gesehener Ueberfluss, Luxus und Genuss des Reichthums statthaben. Derselbe Vorgang findet in kleinem Maassstabe statt, wenn die Spekulation, welche den Kapitals-Verbrauch in unproduktiven Unternehmungen vorschreibt, in vollem Gange ist. Die Arbeiter verdienen höhere Löhne, die Unternehmer machen grössere Gewinne, die Händler am Geld-Markte sammeln Vermögen, und Jedermann ist freigebig, ja verschwenderisch. Dies Ausgeben, dies Verzehren findet nicht von Ersparnissen, nicht von Vermögen, von Waaren statt, die einen Ueberschuss über die gewohnten Ausgaben des täglichen Lebens bilden, sondern vom Kapital, vom Vermögen, welches der Industrie diente. Der Tag der Krisis bringt in alles Das Stillstand, so dass hier wiederum die Geld-Panik es ist, welche ihren Einfluss auf Arbeit und Arbeitslohn übt. Aber wie schon bemerkt, es ist die dem Tage der Panik vorausgegangene Kapitals-Zerstörung, die den Verlust für so lange Zeit unersetzlich macht.

So erklärt sich das lange Darniederliegen des Handels, wie es auf eine Krisis folgt. Die Zerstörung von Kapital, welches nicht in anderer Gestalt wiederkehrt, wird gehemmt; das verlorene Kapital braucht lange Zeit, bis es ersetzt ist, nicht selten Jahre. Dann folgt eine Zeit der Ruhe, so lange die Lehren einer bitteren Vergangenheit noch im öffentlichen Bewusstsein leben. Die Leute scheuen sich, in neue Unternehmungen einzutreten, die Vermögen verzehren, was in Jahren nicht wieder eingebracht werden kann. Aber das Vertrauen kehrt allmälig zurück, der Unternehmungsgeist erhebt von Neuem sein Haupt, Entwürfe zur Herstellung neuer

Eisenbahnen, Docks, Stadtverschönerungen und derlei tauchen von Neuem auf, und das Decennien-Gesetz, wie es unter anderen philosophischen Oekonomikern Mr. Mill aufstellt, bewahrheitet sich in einer neuen Krisis. Es ist kein Gesetz des Handelsverkehrs, nicht etwa eine natürliche Eigenschaft dieser Maschinerie, sondern ein Gesetz des menschlichen Charakters. Da kann nicht Rede sein von einer solchen wiederkehrenden Perioden innewohnenden Naturnothwendigkeit; sie haben ihren Ursprung in sittlichen Kräften, und sittliche Kräfte müssen den Ausgleich bewirken. Mögen die Banquiers die Lehren annehmen, welche sie an die Hand geben; mögen sie die Natur der Unternehmungen in Betracht ziehen, die sie unterstützen, nicht blos deren Gesundheit — denn im Allgemeinen kann man annehmen, dass sie ungesunde Projekte nicht unterstützen — sondern die Fähigkeit des National-Kapitals, sie zu gegebener Zeit, ohne auch nur vorübergehende Störung, zu vollenden. Vor Allem aber mögen die Förderer neuer Unternehmungen politische Oekonomie studiren und lernen, was das Wort Ersparnisse bedeutet; sie werden dann erkennen, dass Ersparnisse den Ueberschuss an Gütern über diejenigen Güter bedeuten, welche verzehrt worden sind, und dass allein dieser Ueberschuss es ist, der, ohne zur Verarmung und nachfolgenden Verwirrung auf dem Geldmarkte zu führen, zu neuen Unternehmungen verwendet werden darf. Von der Beachtung dieses Gesetzes und dem Zoll des Gehorsams für seine Vorschriften hängt die Verhütung der Paniken und Krisen ab.

Aber, wird man fragen — wie kann man erkennen, ob eine Nation sich unlohnenden Unternehmungen hingiebt, die den Betrag ihrer Ersparnisse übersteigen? Welcher Banquier ist solcher Aufgabe gewachsen? Es mag nicht leicht sein, aber es ist nichtsdestoweniger eine natürliche und gebieterische Pflicht, und nicht unmöglich. Die Erziehung der Banquiers durch Studium und Erfahrung spielen dabei eine grosse Rolle; sie können die Zeichen der Zeit lesen, wenn nur Beobachtungsgabe und einsichtiges Verständniss vorhanden sind. Vor Allem aber müssen sie aufhören, Gewicht auf die Gold-Reserve, ob sie ein wenig grösser oder kleiner ist, oder gar auf das Geld, den Baarbestand und die Menge der Cirkulations-Mittel zu legen. Diejenigen werden nie für die Welt, in der sie leben und wirken, Verständniss haben, die ihre beste Aufmerksamkeit auf solche Nebendinge richten. Die Bank von England beweist auf diesem Gebiete ein mustergültiges Urtheil; es ist ihr nicht erlaubt, Darlehen für Unternehmungen herzugeben, die nothwendig viel Kapital verzehren müssen, ohne es rasch zu ersetzen. Niemand hat sie beschuldigt, dem Bau neuer Eisenbahnen in unbewohnten Gegenden, oder gar neuer Linien in unfertigen Ländern leichtfertig Hülfe geliehen zu haben; sie zerstreut nicht, wie das Haus der Overends, ihre Mittel über die halbe Welt. Wenn die Banquiers allgemein so gut wie die Bank von England ihr Bankwesen betrieben, würde das Geschäft regelmässiger gehen und Unglücksfälle würden weniger häufig und weniger zerstörend auftreten. Wenn sie aber gegentheils jedem grossen Gewinne, der sich bietet, nachjagen, so ist die Ursache für Missgeschick sofort gegeben und die Folge wird nicht ausbleiben.

Aber was ist im Falle einer Krisis zu thun? Wie ist Linderung zu schaffen? Der Eintritt von Verlusten kann nicht vermieden werden; man hat sich ihnen ausgesetzt und sie müssen von denen getragen werden, auf die sie unvermeidlich fallen. Aber das, was einer Krisis die eigenthümlich unglückliche Gestalt giebt, die Panik, der Argwohn, der Tumult und seine ausschweifenden Folgen, können ohne Zweifel abgeschwächt werden. Die grosse Aufgabe besteht darin, die bestürzte Bevölkerung von dem Ungestüm abzuhalten, mit dem sie Banken und Geschäftshäuser um Zahlung ihrer Guthaben bestürmt, vernünftiges Vertrauen da herzustellen, wo keine besondere Ursache für Misstrauen erweislich ist, die Banken mit Mitteln zu versehen, die in solcher Stunde für die Fortdauer des Discontirens in der Geschäftswelt von höchstem Werthe sind. Wohl mag erwähnt sein, dass Mr. Hubbard im Hause der Gemeinen erklärte, dass niemals einer Firma, die im Stande gewesen wäre, Sicherheit zu gewähren, Unterstützung während einer Krisis versagt worden sei; und gab mit dieser Erklärung denen, welche immer vom Stande des Geldes reden, viel zu denken. Die grösste Machtstellung, die in solcher Zeitlage eingenommen werden kann, besitzt ein Institut wie die Bank von England, deren ausgezeichnete Leitung ihr einen unanfechtbaren Credit verschafft. Männer von Erfahrung im Bankwesen drängen die Bank in Zeiten der Krisis zu freigebigem Ausleihen; und dass sie diese Freigebigkeit bethätigt, beweisen hinlänglich jene enormen Darlehen im Jahre 1866, deren Betrag sich auf dreiunddreissig Millionen belief. Aber es sind in dieser Richtung noch höhere Anforderungen gestellt worden und der Gedanke hat eine gewisse Berechtigung, dass das Verlangen guten Grund hat. Es ist bezeichnend, dass bei der Bank von England in Zeiten der Krisis trotz eines beunruhigenden Wachsens ihrer Verbindlichkeiten eine ausgeprägte Neigung für Vermehrung ihrer Depositen besteht. Sie werden anderen Banken aus Argwohn entzogen, und die Einstellung kaufmännischer Unternehmungen veranlasst die Kaufleute, ihre Fonds einstweilen in Bankgewahrsam zu geben. Natürlich muss ja doch zuletzt die Begrenzung der Bank-Darlehen dem Urtheile ihrer Leiter überlassen bleiben; ihre Sache ist es, den Umfang zu bemessen, bis zu welchem ihre Deponenten auf sie ziehen können. Einen Retter in der Noth für sie und den Geldmarkt glaubt man immer in Reserve zu haben, die Suspension der Bank-Privilegiums-Akte; aber das ist oben schon als eine Täuschung nachgewiesen worden. —

Eine in der Krisis von 1873 auf dem Geld-Markte in New-York getroffene Maassnahme öffnete eine Hülfsquelle, welche in England nützlich werden könnte, wenn die Nothwendigkeit Ausnahme-Maassregeln erforderlich machen sollte.

Die Banken thaten sich alle zusammen und die Genossenschaft versicherte die Checks — das heisst, sie gab eine Collektiv-Garantie für die schliessliche Bezahlung derjenigen Checks — deren Zahlung jene bei Präsentation während der Krisis zurückgewiesen hätten. So erhielten die Gläubiger völlige Sicherheit gegen schliesslichen Verlust und eine ungeheure Menge blinden Lärmes ward beschwichtigt. Diese versicherten Checks gingen in grossen Beträgen von Hand zu Hand — Niemand zweifelte an ihrer Einlösung; die Inhaber konnten sie benutzen für Zahlungen und Kaufgeschäfte. Eine derartige Maassnahme könnte nicht ohne Weiteres in London nachgeahmt werden, da das Gesetz die Weigerung der Check-Zahlung für einen Fall der Zahlungseinstellung erklärt; aber eine Aenderung der Form könnte das Wesen dieses Hülfsmittels dem Geldmarkte von London sichern. Die Bank von England müsste zinstragende oder auch nicht zinstragende Scheine ausgeben, zahlbar in einem längeren oder kürzeren Zeitraume. Diese Scheine würden sich von den Banknoten durch die wichtige Eigenthümlichkeit unterscheiden, dass sie nicht plötzlich der Bank zurückgeschickt und eingezogen werden könnten; sie würden nothwendig ausserhalb in Circulation bleiben, was Banknoten, wie die Geschichte der Suspensionen beweist, nicht thuen. Sie würden nicht im grossen Publikum umlaufen, sondern würden ein rein kaufmännisches Papier sein. Eine Menge von Gläubigern, besonders Diejenigen, deren Verlangen nach Zahlung ihnen einzig von Argwohn und Lärm eingegeben war, würden durch eine mit diesen Scheinen versehene Zusicherung, dass ihre Forderungen sicher sein, beruhigt werden; sie würden, indem sie sich von der bestürzten Menge zurückzögen, der Krisis ihren Halt nehmen. Andererseits würde die Bank solche Dokumente nicht ausgeben, ohne sich vollkommen vergewissert zu haben, dass sie unter dem Schutze der absolut gut bestellten Sicherheit keine Gefahr laufe. Eigenthum kann oft am Tage der Krisis unverkäuflich sein, während es vierzehn Tage später seinen vollen Werth wieder erhält. Die Bank würde der Gefahr plötzlicher Zahlungsbegehren entgehen — an deren Stelle ein hinausgeschobener Zahlungstermin treten würde. Sie würde Hülfe leihen gegen Pfand, welches in Wirklichkeit selten oder nie angegriffen würde. Es ist ganz wohl glaublich, dass gegen blossen Lärm und Argwohn solch eine Maassnahme von Erfolg begleitet sein würde.

Aber was soll man vom Golde sagen? Ist nicht das die Quelle, auf die schliesslich ein mit Blindheit geschlagener Markt sein seliges Vertrauen setzen muss? Zunächst liegt der einzige Grund einer Gold-Bank-Reserve in der Gefahr, dass die Depositen in grösserem Umfange zurückgezogen werden, als die von der Bank ausgegebenen Darlehen in ihre Kasse zurückfliessen; und so könnte sie obwohl völlig gesund und solvent mit der Zahlung in's Gedränge kommen. Unter dies allgemeine Gesetz fällt die Bank von England wie jede andere Bank; aber hat man je gesehen, dass die Bank während einer Krisis durch den Mangel einer ungenügenden Gold-Reserve wirklich Gefahr gelaufen wäre, in Zahlungsverlegenheit zu kommen? Die erste Gelegenheit, wo solch eine Gefahr nahe gerückt wäre, bot das Jahr 1825. Da fand ein Rennen (a run) der Depositen-Gläubiger an die Bank statt. Um Gold? Keineswegs. Bei dem Rennen kam es Leuten, die der Bank vollkommenes Vertrauen schenkten, darauf an, sich die Noten der Bank zu verschaffen; es waren die Depositen-Gläubiger, welche mit Rücksicht auf den damaligen Bankausweis fürchteten, dass die Bank diese Noten an andere Leute ausleihen und die Noten nicht bereit haben möchte, wenn sie nöthig wären, ihre Ansprüche zu decken. Die Bank wurde vor der Erklärung, dass sie keinen Baarbestand habe, durch Heranziehung einer Million unverbrannter Ein-Pfund-Noten gerettet. Augenscheinlich erfüllte das Papier den Dienst der Reserve — der Credit der Bank war vollkommen und das war genug. Mr. Bagehot, der Verfechter einer grossen Reserve, giebt in „Lombard-Street“ ausdrücklich zu, dass die Panik des Jahres 1825 mit Noten beschwichtigt wurde. Dies Zugeständniss an und für sich — denn es bezog sich auf ein Bankrennen grössten Umfanges — stösst seine Lehre von der Nothwendigkeit einer grossen Bank-Reserve um. Dieselbe Lehre schöpft man aus der oft wiederholten Bezugnahme auf die Suspension der Bank-Akte. Mr. Bagehot verweilt mit Vorliebe bei der Stütze, welche die Bank in den Suspensionen gefunden habe. Er besteht darauf, dass ohne sie die Bank gefallen sein würde. Er vergisst, dass der unmittelbare Erfolg dieser Suspensionen, wie ich nachgewiesen habe, gleich Null war. Er vergisst zudem, dass 1825, wie er selbst einräumt, die Bank nicht gefallen ist, während doch kein Gold zur Aushülfe da war. Aber selbst angenommen, diese Suspensionen hätten die Bank gerettet, würde das Mittel in dem Zuflusse von Strömen Goldes gelegen haben? Gerade in dem völligen Gegentheile. Die Suspension gab der Bank Freiheit, ohne Gold mehr Noten auszugeben, die Rettung würde also von den eigenen Noten der Bank, ihrem eigenen Credite, von der Willfährigkeit des Publikums ihr Vertrauen zu schenken, herzuleiten sein, aber nicht von einer Unze Gold mehr oder weniger. Dennoch ist die rettende Macht dieser Suspensionen von einem Schriftsteller behauptet worden, dessen einziger Ruf darin besteht, die Bank müsse eine hohe Gold-Reserve aufspeichern. Das sind durchschlagende Beweise, dass das viele Gold für die Sicherheit der Bank kein Bedürfniss ist. Ja, wenn Gold in der Bank ist, die Krisis kann es nicht herausziehen — das Gold bleibt im schlimmsten Stadium in Reserve, immer nur eine nutzlose Reserve. Sie wird nicht ausgeliehen — natürlich, weil das Publikum sie nicht gebrauchen kann. Borger von Zehntausend oder mehr nehmen sie in Gold nicht an, selbst während einer Panik. Das eigene Papier der Bank genügt. Wie wir gesehen haben, stiegen 1866 die Bank-Darlehen in vierzehn Tagen von achtzehn auf dreiunddreissig Millionen, dennoch sank das Gold nur um zwei Millionen. Aber diese Thatsachen ziehen bei der gegenwärtigen Einsicht der City nicht einen Augenblick die Aufmerksamkeit auf sich.

Die nämlichen Thatsachen beweisen zur Genüge, dass Gold nicht das Mittel ist, mit dem man Paniken heilt, und dass sogar aus Zeiten grossen Lärms nicht ein Beweisgrund hergeleitet werden kann, dass die Bank von England jeder Zeit eine grosse Reserve halten müsse. Aber Thatsachen und feines Urtheil gelten in der City wenig. „Das Publikum", ruft Mr. Bagehot aus, „hat Vertrauen zur Bank, Erfahrung und Augenschein zum Trotz; die Welt Englands glaubt, dass die Bank von England nicht fallen wird, beinahe nicht fallen kann." Was Augenschein? Was Erfahrung? Die Bank fällt nicht; das sieht das Publikum und verlässt sich auf seine Augen. Die Aufgabe einer grossen Reserve, verkünden ihre Verfechter, besteht darin, dass sie dem Publikum Vertrauen einflösst. Aber das Publikum hat schon Vertrauen und täuscht sich nicht. Es hatte 1825 Vertrauen, obgleich keine Reserve vorhanden war. Das Publikum sucht nicht nach einer feinen Theorie über eine grosse Reserve; es hat genug am Augenschein an Thatsachen; es findet, dass die Bank Reserve in Ueberfluss hat. Diese Reserve hat sich bis auf diesen Tag als genügend erwiesen; sie hat ihre Aufgabe erfüllt. Sie begleitete die Bank in den Jahren 1825, 1847, 1857 und 1866; und kann man kritischere Zeiten als diese, sofern England nicht feindlichem Einfalle unterliegt, der Berechnung zu Grunde legen? Eine Reserve, welche solchen Stürmen trotzt, ist unstreitig genügend. Könnte die Bank, wenn sie in jenen Jahren mehr Gold gehabt hätte, etwa mehr an die Handelswelt ausgeliehen und die Panik gemildert haben? Was sie im Jahre 1825 anstrebte, war eine grössere Menge geprägten Papieres. In den Jahren 1847 und 1866 hatte sie all das Gold, welches die Suspensionen freigaben, und konnte es nicht ausleihen. Im Jahre 1857 lieh sie £ 800,000 solchen Goldes aus, aber es blieb noch ein bedeutender Baarbestand unverliehen in der befreiten Abtheilung für Noten-Ausgabe.

So kommen wir auf die hergebrachte Lehre der City, dass, wenn das Gold abfliesst, der Diskont steigen, wenn es der Bank zufliesst, der Satz nothwendig niedriger werden müsse. Aus diesem Grunde werden die täglichen Bewegungen des Goldes sorgfältig notirt: man glaubt, dass sie den täglichen Stand des Bankverkehrs anzeigen und zur Beurtheilung der nächsten Zukunft des Geldmarktes beitragen. Entsprechend werden die Wechselcourse mit Interesse verfolgt; ein günstiger Wechselcours deutet auf niedrigen Diskont; ein ungünstiger Wechselcours verlangt Gegenwirkung im Steigen des Diskontsatzes, und so, sagt man, werde auswärtiges Geld angelockt und fliesse in's Land. Grosses Gewicht legt man auf diese selbstthätige Gegenwirkung; den Schriftstellern, welche ihre wunderwirkende Kraft ausdeuten, wird mit Ruhm vergolten. Man erklärt die Bank für sicher, wenn ihre Reserve wächst, und diese Reserve wird bemessen nach dem Verhältnisse ihres Goldes zu ihren Verbindlichkeiten. Die ganze Geschäftswelt hält es für natürlich, dass, wenn eine halbe Million das Bankgewölbe verlassen hat, jeder Kaufmann, der einen Wechsel diskontirt, höhere Zinsen zu zahlen habe, und dass, wenn eine halbe Million hineinkommt, der Bank-Diskont heruntergehen müsse. Die Albernheit einer so künstlichen Regel leuchtet gegenüber der Thatsache ein, dass die Bank in kritischen Zeiten nicht verschont bleibt, auch nicht im Stande ist, Darlehen in Gold zu geben, ja, dass das Vertrauen auf ihre Sicherheit in solchen Zeiten von der Menge ihres Metallbestandes unabhängig ist. Merkwürdig ist es, dass die Handelswelt die Natur des Bankgeschäftes nicht einsehen und sich selbst davor bewahren will, ihr zum Opfer zu fallen. Der Eintritt grosser Panik-Ereignisse hat mit dem Goldbestande nichts zu thun. Und wenn dem so ist, was soll man von einer Regel denken, die die Kaufleute besteuert, je nachdem der Metall-Schatz ein wenig grösser oder geringer ist — ein Schatz, der aufgestapelt im Gewölbe bewahrt werden muss, der die Bank bei Ausgabe von Darlehen nicht um einen einzigen Shilling stärkt, der nicht ausgeliehen werden kann noch ausgeliehen wird, weil das Publikum dies Gold nicht haben oder behalten will, es müsste sich denn um eine Zunahme der Baar-Geld-Geschäfte handeln. Wenn im Sommer das Reisen zunimmt und die Ernte-Arbeiter Sovereigns verlangen — Gold, welches sicher zurückkehrt — müsste der Bank-Diskont zum Vortheil der Bank und zum Nachtheile der ganzen Handelswelt im Königreiche steigen. Wenn die Ernte schlecht zu werden droht und Kornkäufe im Auslande gemacht werden, so findet natürlich ein Gold-Export statt, aber der Verlust dieses Goldes wird in der City bejammert; hatte es doch die Aufgabe, aufgespeichert im Bank-Gewölbe zu bleiben. Nach Ansicht der City fällt der Reserve nicht die Bestimmung zu, in der Stunde der Gefahr ausgegeben zu werden, sondern für immer begraben zu bleiben. Der Verlust an National-Capital durch die Zerstörung der Ernte und die Nothwendigkeit mit den Landesproducten die Lebensmittel mehr als doppelt bezahlen zu müssen, nimmt ihre Aufmerksamkeit keinen Augenblick in Anspruch; das Gold, das verlorene Gold, das Gold, welches seinem Gefängnisse entronnen ist, liegt Jedermann auf dem Herzen und die Handelswelt muss besteuert werden, den Flüchtling wieder einzubringen. Ist das die Sprache oder der Gedankengang vernünftiger Menschen? Haben diese Personen auch nur eine Ahnung von der Natur des Geldes (currency)? Die City trumpft darauf, eine Gemeinschaft praktischer Männer zu sein — haben sie jemals ihr Augenmerk ernstlich auf zuverlässige Zahlen gerichtet? Der letzte drückend hohe Diskont in London trat im Herbste 1873 auf; was finden wir in diesem Jahre? Am 17. Oktober einen Zinsfuss von 6 Procent bei einer Reserve von $35^1/_4$ Procent der Verbindlichkeiten. Drei Wochen später dieselbe Reserve, aber einen um 2 Procent höheren Zinsfuss. Am 21. November steigt der Zinsfuss von 8 auf 9 Procent, aber wie der City-Lehre zum Hohne steigt die Reserve von $34^1/_2$ auf $41^1/_8$. Am 28. November haben wir es mit einer Reserve von $46^1/_8$ und einem Diskont von 6 Procent zu thun. Aber was sagt der Ausweis vom Januar 1874? Dieselbe Reserve — das Verhältniss der Reserve zu den Verbindlichkeiten wie 46; aber wie hoch ist der Diskont? $3^1/_2$ Procent. Ist es nicht erniedrigend, tagtäglich Leute wiederholen zu hören, dass der Geldmarkt flüssiger oder träger sei, weil vielleicht eine halbe Million Gold zu- oder abgeflossen ist und das gegenüber von Ziffern, welche solch eine Sprache als reinen Unsinn erweisen?

Wo liegt das Beängstigende, warum härmt man sich gerade um einige drei oder vier Millionen Gold, die für Nahrungsmittel in's Ausland gehen? Die Bank ist weniger gesund; aber was will das Wort sagen, weniger gesund? Dass die Bank Gefahr läuft, ihre Verbindlichkeiten nicht zu erfüllen, dass sie mit ihren Zahlungen in's Stocken kommt? Die Annahme ist zu lächerlich, als dass man ihr Beachtung schenken sollte. Die 33 Millionen des Jahres 1866 schlagen dieser Ungereimtheit in's Gesicht. Eine Bank ist mehr oder weniger gesund, je nachdem sie das Bankgeschäft gut oder schlecht betreibt, je nachdem ihre Hülfsmittel, die dem Verkaufe von Gütern entspringen, gross oder gering sind und ob diejenigen, denen sie geliehen hat, die mit den Bank-Darlehen angeschafften Waaren erhalten oder zerstört haben. Was in aller Welt hat der Abgang von drei oder vier Millionen nach Amerika, um Nahrungsmittel für ein hungerndes Volk herzuziehen, mit dem Bankgeschäfte zu thun? Da ist nicht Rede von faulen Schulden, die mit dem Fortgange des Goldes zusammenhiengen, von einer Gefahr, dass die Bank oder der Bankverkehr in seiner Gesammtheit auch nur Einen Penny bei der Operation verlöre. Wenn anderer Seits die Ausländer anfangen, Waaren mit diesem Golde zu kaufen, die an die Stelle des fortgesandten Kornes treten, so kehrt das Gold sicherlich zurück. Wie will man aus Alledem, weil das Gold den Keller verlassen und sich auf Reise begeben hat, auch nur den Schatten eines Vorwandes herleiten, den Bank-Diskont zu erhöhen?

Und wenn das Herausnehmen des Goldes für den Export noch länger anhielte und das Bedürfniss für diese Korngeschäfte den vorhandenen Bestand überstiege, was würde leichter oder weniger tadelnswerth sein, als dass die Bank in einem angrenzenden Lande Gold aufkaufte? Da würde unter den vorgetragenen Umständen nicht die Gesundheit des Handels leiden, nicht die Gefahr kaufmännischer Bankerutte oder die Blosslegung ungesunder Bankgeschäfte drohen; es würde eine specielle Waare aus besonderen Ursachen in unzureichender Menge vorhanden sein, und die Bank würde sich veranlasst sehen, eine grössere Menge Gold, sofern es sich beschaffen liesse, zu kaufen. Wohl bemerkte die „Times“ am 15. October 1873: „Gold in seiner Eigenschaft als Waare, welches der Meistbietende unter den handeltreibenden Nationen immer in unbegrenzter Menge und mit ungewöhnlicher Schnelligkeit haben kann, bietet, um es herbei zu ziehen, niemals solche Schwierigkeiten, dass es einem Gemeinwesen, dessen Geschäfte auf gesunden Kredit gegründet sind, die gegeringste Unbequemlichkeit verursachen könnte.“ Was als der Schrecken der Unwissenheit und des Vorurtheils kann mit solcher Massnahme die Idee der Gefahr oder, wie Einige zu sagen belieben, der Schande in Verbindung bringen? Gute Banklei tung ist der König des Geldmarktes, eine Bankleitung, welche einsichtsvoll und weise ausleiht: unter ihrer Herrschaft ist der Einfluss des Goldes auf Gefahr und Krisen ohne Bedeutung.

Ich erlaube mir, zu wiederholen, was die „Times“ am 15. November 1873 brachte: Das Citat beginnt damit zu zeigen, wie sogar in der City ein Gefühl der Schaam über die klägliche Unvernunft der City-Lehren und ihrer Anwendung bezüglich des Goldes zum Durchbruch gekommen sei.

„Mein Herr, — ihr City-Artikel von heute enthält folgenden bemerkenswerthen Satz“:

„„Dass die Vorgänge, welche beglaubigt worden sind, sich wirklich zugetragen haben sollten, ist eine Schande für die Intelligenz aller betheiligten Kreise.““

„Und worin soll der Grund dieser Schande bestehen? Er ist in dem Schluss-Passus bezeichnet — „„und dieser Umstand wird noch augenscheinlicher, wenn man in Betracht zieht, dass ohne den Dienst des elektrischen Telegraphen, der die Verschiffung von Gold in jeder Menge ringsum anzeigte, die Panik fortgedauert haben würde, bis ihre blosse Verlängerung den Lärm über weitere Distrikte verbreitet und zu ernsten Verlegenheiten geführt haben würde.““ Es kann kein Zweifel an der Richtigkeit dieser Bemerkung bestehen; aber ist es möglich, in bewusster Absicht lebendiger selbst geschaffenes Unglück und Verderben zu beschreiben, wie es durch eine künstlich ersonnene Ursache, an die man unnatürlicher Weise glaubt, zu Wege gebracht wird? Die City selbst hat sich darauf verlegt, eine Quantität besonderen Metalles, welches den Namen Gold führt, während es nutzlos und unbrauchbar in einem Gewölbe liegt, als die natürliche Ursache des Diskontsatzes zu betrachten, ohne dabei irgend wie den Umstand zu berücksichtigen, den ein Heranziehen der Ausweise der Bank von England sofort klar gestellt haben würde, dass die verschiedensten Diskontsätze neben eben so viel verschiedenen Gold-Reserven hergelaufen sind und herlaufen. Statt die Handelslage und Spekulation anderer Länder nicht minder wie die Englands zu studiren, sind ihre Augen auf den gleissenden Haufen gerichtet nnd wenn sie das aufgiebt, so zeigen sich die gewöhnlichen Folgen eines unwissenschaftlichen und blos auf Vorstellung beruhenden Glaubens, es bemächtigt sich blinder Schrecken ihres Gemüthes und Leute begehen Handlungen, die mit einfachem Selbstmorde ganz gleichbedeutend sind. Jeder erschreckt seinen Nachbar: jeder sieht sich von der über seinem

Haupte schwebenden Unmöglichkeit bedroht, Vorschüsse zu erhalten und wirft sich sofort darauf, Sicherheit durch Bank-Darlehen zu erhalten, lange bevor er die Darlehen gebrauchen kann: die Banken halten mit Darlehen zurück und sprungweise steigt der Diskont, der die Grundlage des modernen Handelsverkehrs bildet. Und was ist der Grund all dieser Zuckungen, all diesen Missgeschicks? Ein verminderter Vorrath im Bank-Keller, als wenn die Bank der Zahlungseinstellung entgegen ginge, wenn sie für einige Tage nur die Hälfte der gewohnten Masse führt — einer Masse, ich wiederhole es, welche für den Handel nichts Anderes bedeutet, als zu verhüten, dass das Bankgeschäft nicht in Stillstand kommt. Das Zu- und Abströmen des Goldes in der Bank mögen wichtig sein, sofern sie die Klarstellung der den Handel beeinflussenden Kräfte bezielen, gerade so wie die ausländischen Wechselcourse uns anzeigen, ob England auswärts im Vergleiche zu seinen Einkäufen mehr oder weniger verkauft hat. Aber diese Strömungen, indem sie den Gold-Bestand in der Bank grösser oder geringer machen, sind nicht die Macht, welche den Diskont billig oder theuer macht. Sollten sie diesen Erfolg haben, so geschieht es nicht aus einer ihnen eigenen inneren Triebkraft, sondern aus einer eingebildeten und albernen Bedeutung, welche man ihnen Mangels wissenschaftlicher Kenntniss und der Fähigkeit beigelegt hat, thatsächliche Verhältnisse in ihre Bestandtheile aufzulösen, was ja die Grundlage aller Wissenschaft ausmacht. Wie die Englische Handelswelt durch äusserste Gedankenarmuth und durch ein daraus folgendes Sichhingeben an alle möglichen künstlichen Glaubenssätze, durch ihr eigenes wider sich selbst gerichtetes Gebahren sich solche Diskontsätze von 8, 10 und 12 Procent, wie wir sie kürzlich gesehen haben, aufladen kann, ist ein Wunder, das mir stets von Neuem Staunen erregen wird.

Oxford den 14. November 1873.

Bonamy Price.“

Die krankhaften Zuckungen begannen im September mit einer Bank-Reserve von 13,238,000 und mit einem Steigen des Diskonts von 3 auf 4 Procent. Sie erreichten im November ihren Höhepunkt, als die Reserve auf 8,071,000 gefallen — und der Diskont im Minimum auf 9 Procent gestiegen war, wiewohl die Mehrzahl der von der Bank gegebenen Darlehen thatsächlich einen Diskont von 12 Procent eingetragen hatte. Das Verhältniss der Reserve zu den Verbindlichkeiten betrug am 24. September 44 Procent, am 5. November 36. Nach Lehre der City rechtfertigt eine Reserve von acht Millionen aufgestapelten Goldes, welches zur Bestreitung von 36 Procent der Bankverbindlichkeiten genügt, die mehr als lästige Auflage von nominell 9, in Wirklichkeit 12 Procent auf die vom nationalen Handelsverkehre bei den Banken aufgenommenen Darlehen, und eine Krisis wurde durch die Neuigkeit abgewendet, dass jenseits des Atlantischen Oceans die Einschiffung von Gold Statt gefunden habe. Welches Verständniss für die Thätigkeit des Geldes (currency) und die Natur des Bankwesens müssen diejenigen gehabt haben, welche sich mit dieser abgeschmackten Zuversicht trösten konnten? Dass in einer ausgehungerten Stadt das Korn im Preise fallen wird, wenn das Nahen einer Flotte kornbeladener Schiffe verkündigt wird, ist begreiflich; Nahrungsmittel zum Essen, das liegt nahe: aber was soll das Gold schaffen, wenn es kommt?

Andere Ursachen, als die Goldmenge in der Bank, wir können ganz sicher sein — Ursachen, die dem Stande des National-Vermögens, der Zerstörung von Vermögenswerthen und der peinlichen Ungewissheit entspringen, wer den Verlust zu tragen haben wird — erzeugten diese heftige Erschütterung des Geldmarktes: aber weder Banquiers noch Händler denken an diese Ursachen, und der einzige Erfolg ist die leichtfertige Auflage eines höheren Diskonts, wenn einige unbedeutende Summen Goldes aus der Bank gezogen worden sind. So wird die Aufmerksamkeit von Hab und

Gut auf die maschinelle Vorrichtung abgelenkt, durch welche das Eigenthum an jenen übertragen wird, und was zur Begründung gesunden und sicheren Bankwesens dient, wird von einer quacksalberischen, unwissenschaftlichen und falschen Regel abhängig gemacht. Wenn man nur auf das Fahrzeug bedacht ist und nicht auf die darin enthaltenen Güter, dürfen sich die Leute nicht wundern, wenn ein beliebiger Preis als Fuhrlohn festgesetzt wird. Wie es den beiden Hauptpersonen ergeht, zwischen denen der Banquier steht, ob der Deponent von seinen disponiblen Gütern nach Abzug dessen, was er zum Einkauf benutzt hat, viel oder wenig übrig behält, und ob der Borger der werbenden Kraft, welche die Bank vom Deponenten herleitete und auf jenen übertrug, die damit gekauften Güter erhalten oder verzehrt hat, das allein erklärt die Vorkommnisse in der Welt des Bankgeschäfts.

Daher die Regel, der Bank-Geschäfts-Markt unterliegt dem gemeingültigen Gesetze von Angebot und Nachfrage. Jede dieser Kräfte kann sich mit entsprechender Wirkung auf den Preis des gehandelten Artikels ändern, der werbenden Kraft. Der Handel kann lange Zeit unter regelmässigen Bewegungen und stätiger Zunahme einen beständigen Verlauf nehmen; der Diskont wird in solchen Zeiten mässig und wenig zu Schwankungen geneigt sein. Oder es können neue und einträgliche Gebiete für Kapitalanlagen, wie zum Beispiel die rapide Entwicklung der Colonien und die Nachfrage nach Kapital viel rascher als das Kapital selbst zunehmen; ein hoher Zinsfuss wird die Folge sein und er wird nicht als drückend empfunden werden. Anderer Seits können besondere Handelszweige störenden Einflüssen unterliegen; eine Baumwollen-Noth kann plötzlich über Lancashire losbrechen oder Bewegungen auf dem Arbeitsmarkte können empfindlich mit der Lage des Eisen- und Kohlen-Geschäftes collidiren oder kostbare Bergbau-Unternehmungen können plötzlich zu Ende gehen. In solchen Fällen wird das Kapital bestrebt sein, sich vor der Verwendung zurückzuziehen; das Feld seiner Thätigkeit wird eingeschränkt werden und man wird den Diskont-Satz heruntergehen sehen. Das sind im Allgemeinen die Kräfte, welche den Zinsfuss bei den Banken regeln; aber der Handelsverkehr mit seinen Schwankungen, die Wirksamkeit politischer und socialer Einflüsse auf die Entwicklung des Nationalvermögens, die Aussicht auf ein Wachsen oder eine Minderung der Gewinne, die Wahrscheinlichkeit, dass die Depositen grösser oder geringer werden, mit einem Worte, das ganze Gebiet des Kapitals, seine Verwendung und der Gewinn, welchen es abzuwerfen verspricht, sind zu umfangreiche und zu specielle Materien, um von den Herren, welche den Geldmarkt regieren, studirt zu werden. Es ist leichter und handlicher, auf das Geld zu achten, auf das Gold, auf den Vorrath davon in den Bankgewölben, auf den Betrag der im Lande umlaufenden Zahlmittel, auf die maschinelle Vorrichtung, welche die Güter in Bewegung setzt, anstatt auf die Güter selbst. Unter dem Einflusse solcher Ideen müssen seltsame und willkürliche Diskontsätze auftauchen. Es ist wahr, diese willkürlichen Glaubenssätze über die Menge der Cirkulationsmittel, über zu- oder abnehmende Reserven, über Ein- und Ausfuhr von Gold, über das Verhältniss des Edelmetall-Vorrathes zu den Verbindlichkeiten, sind thatsächlich von der Höhe des Diskonts jeder Zeit widerlegt worden; aber was bedeutet das den Banquiers? sie finden Vortheil in solchen Täuschungen. Aber, dass die grosse Menge der Handelswelt klein beigeben würde, Opfer solch quacksalberischer Behauptungen zu werden und solch ungründlicher, unwissenschaftlicher Gelehrsamkeit — dass sie sich so gierig wie Banquiers in diese Gold-Doktrinen verrennen, sich niemals in den Sinn kommen lassen würde, zuzusehen, ob diese Aussprüche über das Gold mit den Thatsachen im Einklange stehen — dass sie so gänzlich abgeneigt sein würde, die Natur und die Gesetze des Handels zu studiren, und zufrieden sein würde, jede mögliche marktschreierische Behauptung der Geld-Orakel über die magischen Wirkungen des Goldes und seines Orts-Wechsels zu acceptiren ohne Rücksicht auf die sie treffende Verwirrung und empfindliche Einbusse an Vermögen, ist in der That überraschend. Es ist ein räthselhaftes Gedankenspiel des neunzehnten Jahrhunderts. — Populus vult decipi: mag es die Folgen tragen.

Zum Schlusse wünsche ich einige Worte über die grosse Aufgabe, ja die grosse Pflicht zu sagen, welche dem Volke der Vereinigten Staaten obliegt. Sie leiden unter einem Uebel von ungeheurer Tragweite, welches sie ganz allein hervorgerufen haben und dessen Hebung ganz in ihrer eignen Macht liegt. Die Wissenschaft lehrt, dass ein fortdauernd uneinlösliches Papiergeld (currency) jeglicher Rechtfertigung entbehrt. Die Fortdauer einer so unverantwortlichen Handhabung eines der bedeutendsten Zweige der bürgerlichen Verwaltung würde diese grosse Nation auf eine niederere Kultur-Stufe stellen, als wie sie solche in der Welt errungen hat. Ginge sie auf diesem Wege weiter, ihre Nachkommen würden von einem Mangel an Einsicht reden, ein unerwarteter Makel würde gleichsam dem so ehrenvollen Ansehen ankleben, das ihr Erbtheil ist. Mehr noch die Unbilden, welche dieser Zustand dem Volksleben zufügt, die leichtfertige Schädigung eines der bedeutendsten Hülfsmittel der Civilisation, die Verwirrung, die er dem ganzen Handelsverkehre anhängt, der niedere Standpunkt, auf den er hindrängt, die Wissenschaft der politischen Oekonomie im ganzen Lande zu erhalten, der Geist des Spiels, welchen er in die Handelsgeschäfte einführt, bilden Motive von entscheidendem Gewichte, welche die Gesetzgebung der Vereinigten Staaten zu Beseitigung eines so unwürdigen Zustandes und solchen Missgeschicks aufrufen.

Die einzige entscheidende Bedingung für die erfolgreiche Ausführung dieser Maassnahme ist das offene und entschiedene Verlangen des amerikanischen Volkes nach einem seiner selbst werthen Gelde und nach ernstlich gemeinter Wiederaufnahme der Baarzahlungen. Leider lässt sich nicht sagen, dass dieser Entschluss des nationalen Willens ohne Umschweif kundgegeben wäre. Das Gesetz ordnet die Aufnahme der Baarzahlungen auf den 1. Januar 1879 an; aber da man keine Verfügungen wegen Ausführung seiner Bestimmungen getroffen hat, so ist eine weitere Befassung des Congresses nöthig geworden und bevor nicht die Maassregel endlich den politischen Kampfplatz verlassen hat, kann man nicht sagen, dass ihre Ausführung gesichert wäre. Anders verhielt es sich mit der Rückkehr zu den Baarzahlungen in England. Der Bank von England wurde vom Parlament die Einlösung der ihr präsentirten Noten gegen Goldzahlung verboten. Die Aufhebung dieses Verbots unterwarf die Bank ihrer alten Verbindlichkeit, Baarzahlung zu leisten, die auf diese Weise wieder in Wirksamkeit trat. Die Weigerung, auch nur für eine einzelne Note Gold zu zahlen, würde die Bank in Bankrutt gestürzt haben. Aber in den Vereinigten Staaten schreibt die Gesetzgebung nicht allein vor, worin die Umlaufsmittel (currency) bestehen sollen, sondern ist selbst Ausgeberin derselben; und wenn sie nicht die nöthigen Anordnungen trifft, dass ihrem eigenen Gebote Folge gegeben wird, so giebt es kein Bankrutt-Gesetz, welches den Noten-Inhaber, dem nicht in Metall ausgezahlt wird, in Stand setzte, Eigenthum der amerikanischen Regierung mit Beschlag zu belegen.

Die Erneuerung des Befehles an den Schatz-Sekretair, mit der Verminderung der Staatlichen Noten (of the legal tender issues) vorzugehen, deren Ausgabe regelmässig in's Leben getreten, dann aber gestört war, liegt am Nächsten und würde, wie es scheint, der geeignetste Weg sein. Es ist nicht zweifelhaft, dass die Notenausgabe in Amerika übertrieben ist; das Agio, welches das Gold im Vergleiche zum Papier trägt, oder, was dasselbe sagt, der Abzug und die Entwerthung, unter welchen der Papier-Dollar leidet, stellt das Faktum völlig klar. Der Umfang des Zuviel lässt sich nur durch den praktischen Versuch feststellen. Wenn die Verminderung endgültig beschlossen und mit der Ausführung begonnen ist, so wird der Papier-Dollar im Werthe steigen und damit allmählig das Schwinden des Uebermaasses verrathen. So geschah es in England; und dann wurde die wichtige und erfreuliche Thatsache bekannt, dass der vom Gesetze bestimmte Tag der Zahlungsaufnahme mit einem früheren Termine vertauscht werden könne, und die Bank gab, lange bevor sie dazu genöthigt war, Gold für Noten aus. Es ist alle Veranlassung zu der Annahme, dass die Zahlungsaufnahme in Amerika denselben Verlauf nehmen würde. Die Zuversicht, dass die Noten mit dem Golde alsbald gleichen Courswerth haben würden, und der stätige Erfolg der fortgesetzten Verminderung würde auf allen Märkten, ehe der eigentliche Tag der festgesetzten Maassregel gekommen wäre, den Leuten zum Bewusstsein bringen, dass der Papier- und der Metall-Dollar ein und dieselbe Sache sei.

Manche fürchten, dass die Notenverminderung einen Mangel an Geld (currency) gegenüber der folgenden Beeinträchtigung des Handelsverkehrs erzeugen würde; aber das beruht auf einer ganz schiefen Auffassung. Wenn damit gemeint ist, dass bei der Notenverminderung zu wenig Geld (currency) verbleiben würde, um mit Gold und in Gold einlöslichen Noten die Arbeit der Baarzahlungen zu verrichten, der Erfüllung jener Käufe und Verkäufe, die mit baarem Gelde ausgeführt werden, dann würde solche Einschränkung Ungelegenheit verursachen; aber solch ein Zustand könnte thatsächlich nicht eintreten, wenn Noten von der Ausgabestelle, welche die Verbindlichkeit hat, sie auf Verlangen baar einzulösen, jeder Zeit beschafft werden könnten. Das war vor 1844 die Lage der Geldverhältnisse in England, und sicherlich hat sich Niemand in jener Zeit beklagt; dass das Geld ungehörig knapp gewesen wäre.

Ueberdies ist, wie ich oben gezeigt habe, der Mangel

an einem einzelnen Handelswerkzeuge stets von kurzer Dauer und ist leicht auf vielerlei Weise zu beseitigen. Kleinere Checks würden massenhaft auftreten, die maschinelle Bank-Vorrichtung würde stärker im Gebrauche sein und der Credit würde sich eine Zeit lang für kleine Beträge erweitern. Die grösste Ungelegenheit aus einem derartigen Mangel würde der Gesellschaft durch eine wirkliche Seltenheit der Schillinge und Pence erwachsen, wie das mitunter in England vorgekommen ist; hielte das einige Zeit an, so würden schnell ganz niedrige Noten zum Vorscheine kommen. Die Vereinigten Staaten würden in ihren niedrigen Noten Ersatz finden.

Ein wirklicher aus der Notenminderung hervorgehender Missstand liegt auf ganz anderem Gebiete und würde zweifellos begründet sein, müsste auch offen eingeräumt werden. Wir haben gesehen, dass ein uneinlösliches Papiergeld durchweg zu einem Steigen aller Marktpreise führt. Die Noten sind weniger werth, als Metall-Dollars, sie sind entwerthet; jeder Verkäufer in jedem Laden ist genöthigt, für dieselben Güter mehr zu fordern, um in dem Papier-Gelde den vollen Werth seiner Verkaufsgegenstände erstattet zu erhalten. Unter dem Einflusse der Notenminderung würde der Werthsunterschied zwischen Gold und Papier abnehmen und schliesslich verschwinden; und parallel mit dieser Bewegung würde eine andere auf Seiten der Preise gehen, die schrittweise zurückgehen würden. Dieser Vorgang würde thatsächlichen Einfluss auf Schuldner und Gläubiger üben. Jeder Schuldner, der Papier-Dollars schuldete, würde finden, dass, je weiter die Notenabnahme vorschritte, er um so grössere Vermögenswerthe aufwenden müsste, um sich diese Noten zu verschaffen. Er ist verbunden, so und soviel Dollars zu zahlen; aber sobald die Dollars im Werthe wachsen, würden die Preise seiner Güter niedriger werden, weil jeder einzelne Dollar mehr werth wäre, und, um die zur Abtragung seiner Schuld erforderlichen Dollars zu beschaffen, kann er sie nicht anders, als unter Hingabe eines grösseren Eigenthumswerthes erwerben. Sowie der Papier-Dollar sich dem Pari mit Gold nähert, muss der Schuldner, dessen Schuld langfristig ist, nothwendig verlieren. Aber gerade so verloren die Gläubiger, als die Notenfluth (inflation) begann: sie empfingen nach und nach Dollars, welche, sowie die Preise in den Kaufläden allmälig stiegen, weniger und weniger kauften. Dieser unvermeidliche Verlust, den Schuldner und Gläubiger abwechselnd erleiden, ist der Fluch uneinlöslichen Papiergeldes, und das ist der wahre Grund, weshalb Stätigkeit des Werthes die oberste Eigenschaft eines guten Geldes ist. Der Verlust, den die Wiederaufnahme der Zahlung einigen Schuldnern bereiten wird, ist bedauernswerth, aber er kann keineswegs als Vertheidigungsgrund für Beibehaltung uneinlöslicher Noten und Verwerfung der Baarzahlungen angeführt werden. Obenan steht, dass dieser Verlust sich ohne Aufhören immer wieder von Neuem erzeugt, und das Aufgeld für Gold fortwährend von Zeit zu Zeit schwankt; es hat abwärts geschwankt von 133 bis 10 in den Jahren 1865 bis 1871 — und all diese Bewegungen nach Oben und Unten haben Schuldner oder Gläubiger beschädigt. Diese Thatsache allein genügt, dem Einwurfe zu begegnen, als wären es die Schuldner, denen die Notenminderung und Aufnahme der Zahlungen Schaden zufügte. Aber zweitens werden in einem so fernen Zeitpunkte wie 1879 die meisten alten Schulden beglichen sein, und alle neuen werden mehr und mehr auf Grundlage des Gold-Dollars eingegangen werden. Der letzte Rest alter Verbindlichkeiten, die während des Bestehens einer grossen Differenz zwischen Papier und Gold eingegangen sind, würde nicht von Bedeutung sein.

Aber wäre dem auch nicht so und müsste die Schuldner ein ernstlicher Verlust treffen, so würde doch die Einrede, als müsste dieser Nachtheil die Aufnahme der Baarzahlungen hindern, keinerlei Beachtung verdienen. Sie beweist zuviel, und dieser Fehler in der Logik macht jeden Beweisgrund werthlos. Sie würde die Menschheit zu einer practischen Ungereimtheit erster Ordnung leiten. Zu verlangen, dass bei einer schlechten Gesetzgebung beharrt werden solle, weil die Rückkehr zu einer guten Gesetzgebung für Einige oder gar für Alle mit einem Nachtheile verbunden sein würde, hiesse die Gesellschaft zu einer moralischen Versteinerung verurtheilen. Fortschritt würde unmöglich sein, denn die Lebensweise der Menschen würde von einer vergangenen Generation abhängig sein, welche schlechte Gesetze gemacht hätte, die nicht geändert werden könnten. Die Menschen, gleichviel ob in ihrer nationalen Vereinigung oder als Einzelwesen, können kein Unrecht begehen, ohne zu leiden und das Leiden muss ertragen werden, während das Unrecht beseitigt werden kann. Es streitet ganz gegen die Vernunft und ist oder würde niemals erträglich sein, dass eine Nation nicht ein Uebel beseitigen sollte, weil die Vornahme mit einigem Schmerze verbunden wäre. Wie viele Käufer von Hotels und Besitzer von Fuhrwerk sind nicht in England durch die Einführung der Eisenbahnen stark geschädigt worden? Wie viele in den Vereinigten Staaten durch die Aufhebung der Sklaverei? Der Verlust, den einige wenige Schuldner durch die Zahlungsaufnahme erleiden würden, kann gar nicht in Betracht kommen, wenn es sich um die Beseitigung einer so schlechten und Verlust bringenden Einrichtung, wie der eines uneinlöslichen Papiergeldes, handelt. Ob dieser Verlust gemildert werden kann durch einige Maassnahmen bei Ausführung der Zahlungsaufnahme, ist eine ganz andere Frage und gar sehr der Beachtung werth: aber ich gestehe, mir ist Nichts eingefallen, was ausführbar scheinen könnte und habe nicht erfahren, dass irgend ein Land bei Rückkehr zur Metall-Währung eine Maassnahme der Art ergriffen hätte.

Buchdruckerei von Gustav Schade (Otto Francke) in Berlin.

Verlagsbuchhandlung von Julius Springer in Berlin N.,
Monbijouplatz 3.

Die
Wirthschaftliche Krisis.
Von
Wilhelm Oechelhaeuser,
Königl. Preussischer Geheimer Commerzienrath.
Preis 3 Mark.

Aufgaben
der
EISENBAHN-POLITIK.
Von
Alexander Dorn.
Preis 4 M 60 Pf.

Der
Staat und der Volkshaushalt.
Von
John Prince-Smith.
Preis 80 Pf.

Gründerprocesse.
Eine criminal-politische Studie
von
Justinus Moeller.
Preis 1 M. 60 Pf.

Zu beziehen durch jede Buchhandlung.

Verlagsbuchhandlung von Julius Springer in Berlin N.,
Monbijouplatz 3.

Die Principien des Geld- und Bankwesens von Dr. J. L. Tellkampf. Preis 3 M. 75 Pf

Erforderniss voller Metalldeckung der Banknoten. Von Dr J. L. Tellkampf. Preis 1 M

Vorschläge zur Verbesserung des Actien - Gesellschaftswesens von Dr. J. L. Tellkampf. Preis 1 M

Die englischen Actiengesellschafts-Gesetze von 1856 und 1857 Mit erläuternden Bemerkungen begleitet von Carl Güterbock. Preis 2 M. 40 Pf

Zur Reform des Actien-Gesetzes von C. F. Holtschmidt. Preis 60 Pf

John Prince-Smith's Bemerkungen und Entwürfe behufs Errichtung von Actienbanken. Preis 40 M

Das Actiengesellschafts-, Bank- und Versicherungswesen in England von Carl Schwebemeyer. Preis 3 M. 75 Pf

Das Zettelbankwesen und der Bankgesetz-Entwurf von G Siemens. Preis 80 Pf

Die Bankfrage vor der Commission des Deutschen Handelstages, beleuchtet von H. V. von Unruh. Preis 80 Pf

Bankfreiheit oder nicht? Mit besonderer Rücksicht auf Preussen und Deutschland von Leopold Lasker. Preis 1 M. 60 Pf

Der Krieg der Banken von R. H. Patterson. Aus dem Englischen von Julius von Holtzendorf. Preis 80 Pf

Die Reform des Geldwesens von Adolph Samter. Preis 2 M

Zur deutschen Währungs- und Münzfrage. Preis 1 M. 20 Pf

Die neuen deutschen Münzen. Entstehung, Text und Erläuterung des Gesetzes betreffend die Ausprägung von Reichsgoldmünzen, unter Berücksichtigung ihres Verhältnisses zu den bisherigen deutschen und den Münzen der wichtigsten andern Länder von M. Quenstedt. Preis 2 M. 60 Pf

GPSR Compliance

The European Union's (EU) General Product Safety Regulation (GPSR) is a set of rules that requires consumer products to be safe and our obligations to ensure this.

If you have any concerns about our products, you can contact us on ProductSafety@springernature.com

In case Publisher is established outside the EU, the EU authorized representative is:

Springer Nature Customer Service Center GmbH
Europaplatz 3
69115 Heidelberg, Germany

Batch number: 10844627

Printed by Printforce, the Netherlands